AF649894

Inhalt

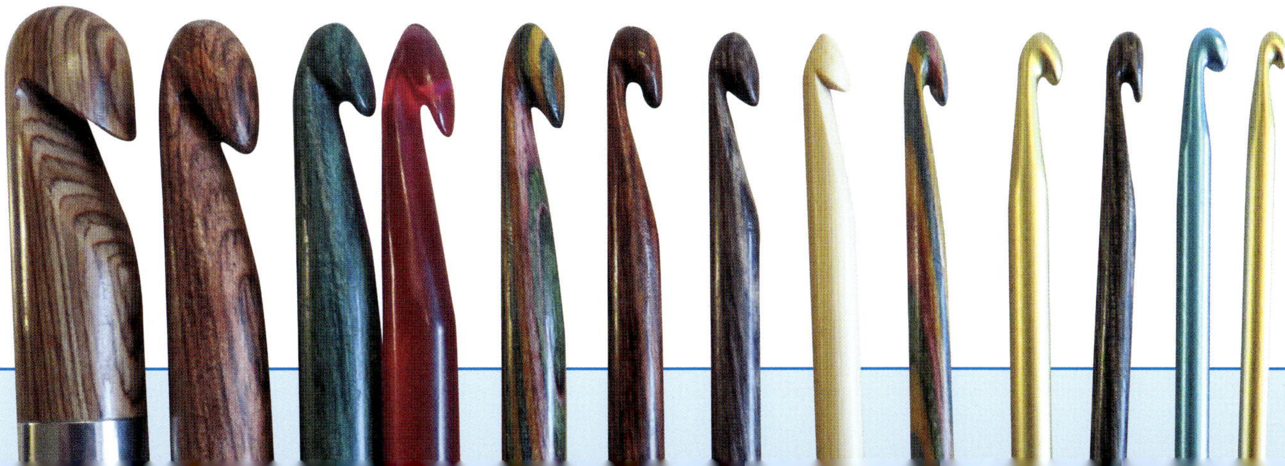

Werkstücke

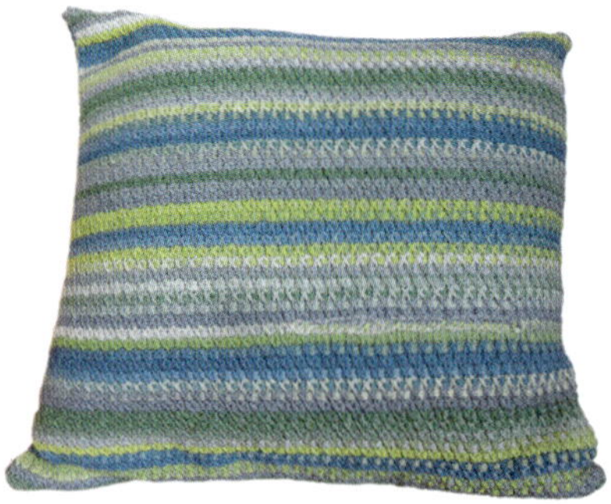

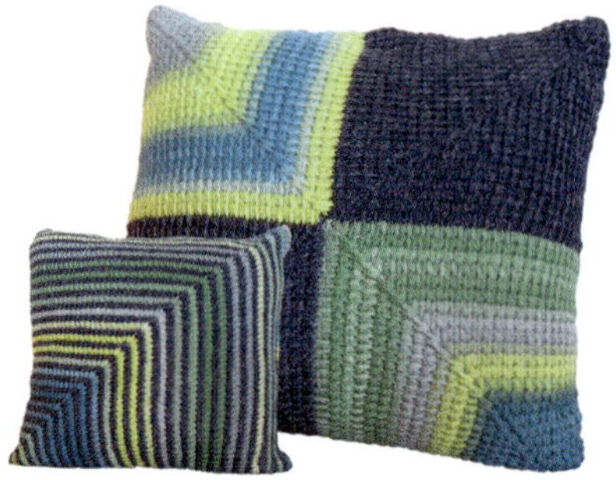

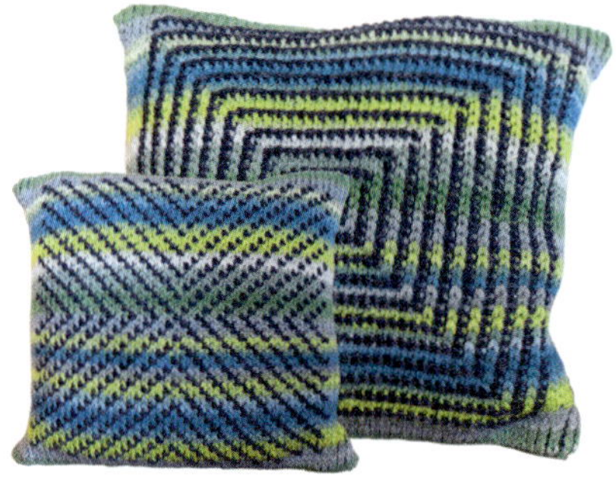

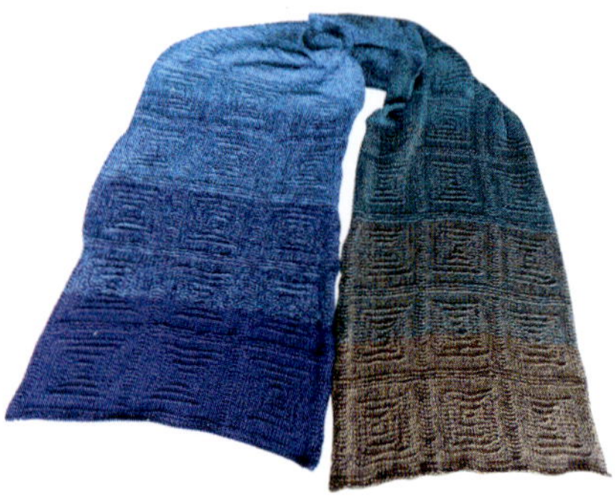

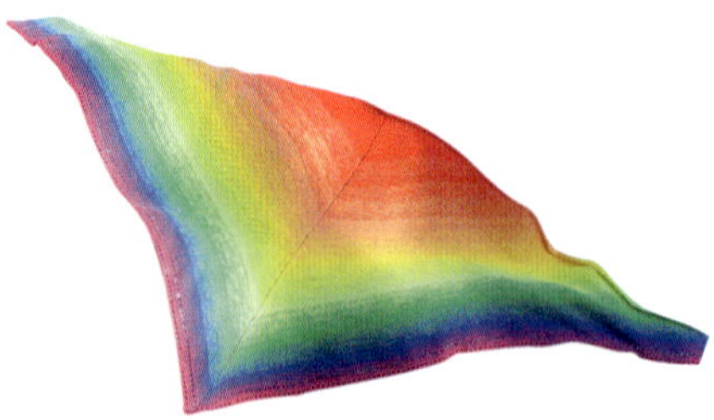

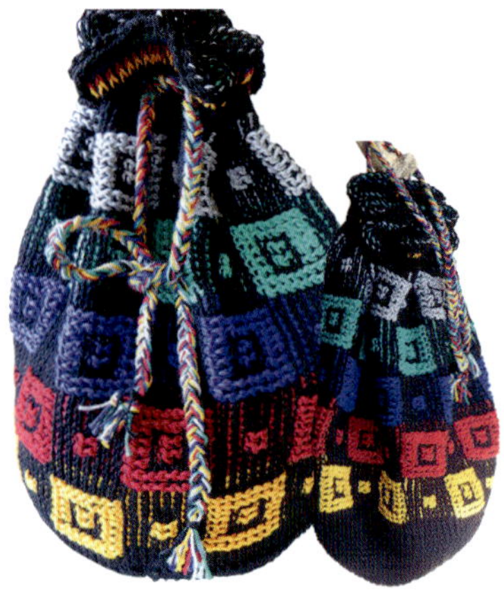

Kathrin Müller

Tunesisch Häkeln von Kopf bis Fuß

Mütze, Weste, Kissen, Puschen & Co.

Leopold Stocker Verlag
Graz – Stuttgart

Kathrin Müller

tunesisch Häkeln oder Sträkeln

www.straekeln.de

Umschlaggestaltung: DSR – Werbeagentur Rypka, A-8143-Dobl/Graz
Titelbild: Stephan Friesinger, Graz, www.free-c.org
Alle anderen Abbildungen stammen dankenswerterweise von der Autorin.

Bibliographische Information der Deutschen Nationalbibliothek
Die Deutsche Nationalbibliothek verzeichnet diese Publikation in der Deutschen Nationalbibliographie; detaillierte bibliographische Daten sind im Internet über http://dnb.d-nb.de abrufbar.

Der Inhalt des Buches wurde von der Autorin und vom Verlag nach bestem Wissen überprüft; eine Garantie kann jedoch nicht übernommen werden. Die juristische Haftung ist daher ausgeschlossen.

Hinweis:
Dieses Buch wurde auf chlorfrei gebleichtem Papier gedruckt. Die zum Schutz vor Verschmutzung verwendete Einschweißfolie ist aus Polyethylen chlor- und schwefelfrei hergestellt. Diese umweltfreundliche Folie verhält sich grundwasserneutral, ist voll recyclingfähig und verbrennt in Müllverbrennungsanlagen völlig ungiftig.

Auf Wunsch senden wir Ihnen gerne kostenlos unser Verlagsverzeichnis zu:
Leopold Stocker Verlag GmbH
Hofgasse 5 / Postfach 438
A-8011 Graz
Tel.: +43 (0)316/82 16 36
Fax: +43 (0)316/83 56 12
E-Mail: stocker-verlag@stocker-verlag.com
www.stocker-verlag.com

ISBN 978-3-7020-1620-3

Alle Rechte der Verbreitung, auch durch Film, Funk und Fernsehen, fotomechanische Wiedergabe, Tonträger jeder Art, auszugsweisen Nachdruck oder Einspeicherung und Rückgewinnung in Datenverarbeitungsanlagen aller Art, sind vorbehalten.

© Copyright by Leopold Stocker Verlag, Graz, 2. Auflage 2025

Layout: DSR – Werbeagentur Rypka, A-8143-Dobl/Graz

Fragen, Wünsche oder Anregungen? Kontaktieren Sie uns!

www.stocker-verlag.com/tunesisch-haekeln-von-kopf-bis-fuss-feedback/

Hier finden Sie auch weitere Informationen über unser Programm und können sich für unseren Newsletter anmelden.

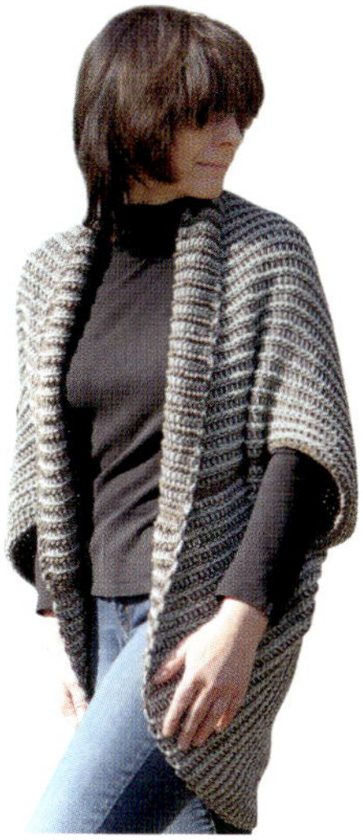

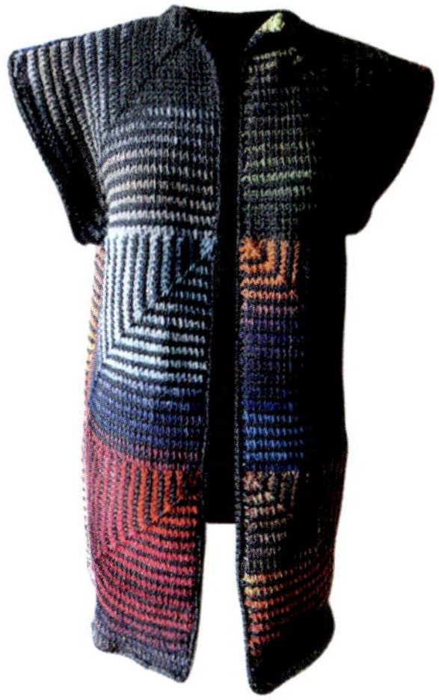

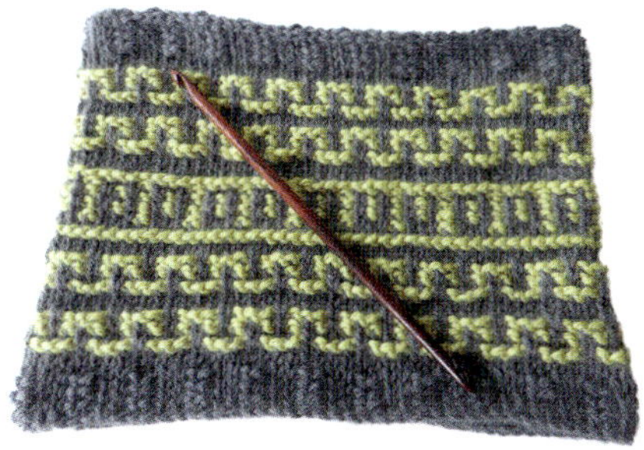

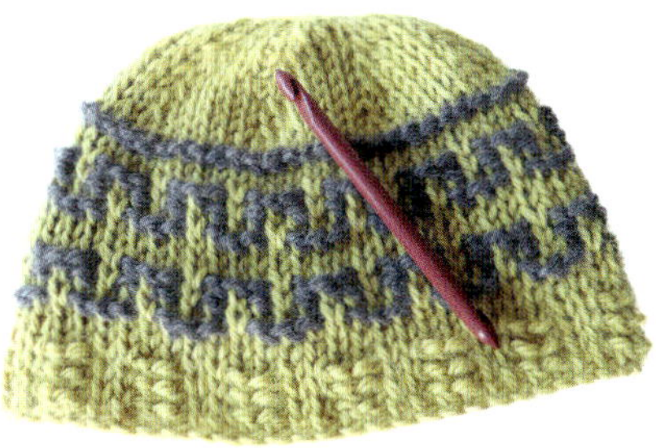

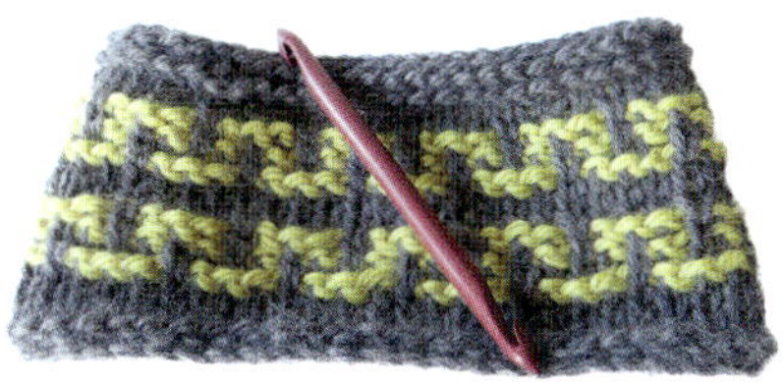

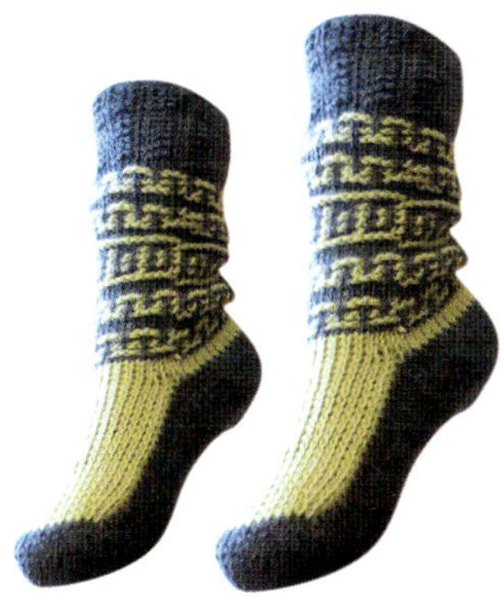

Ein Wort vorab

Im ersten Buch „Tunesisch Häkeln" wurden Grundlagen und Techniken vorgestellt, in diesem zweiten Teil gehe ich ausführlich nur auf neue Muster und Techniken ein.

Eine kleine Zusammenfassung

Beim Tunesischen Häkeln besteht eine tunesische Reihe immer aus zwei Schritten: In der Hinreihe werden die Schlingen auf die Nadel geholt, in der Rückreihe werden diese Schlingen abgemascht. Die Rückreihe beginnt mit einer zusätzlichen Luftmasche, dann wird der Faden für das Abmaschen immer durch zwei Schlingen gezogen, also Faden um die Nadel schlagen und durch zwei Schlingen ziehen.

Beim Tunesischen Häkeln wird die Nadelstärke immer größer gewählt, als auf der Banderole der Wolle angegeben, am besten mindestens 1,5 bis 2 Stärken größer. Je größer die Nadel, desto „fluffiger" wird das Ergebnis.

Ganz wichtig ist für alle Arbeiten die Maschenprobe!

Was ist eigentlich eine Maschenprobe?

Eine Maschenprobe ist das „Testarbeiten" eines Musters, um ausrechnen zu können, wie viele Maschen und Reihen bzw. Runden man für sein gewünschtes Werk benötigt. Ebenso kann der Wollverbrauch in etwa ausgerechnet werden, indem man die Maschenprobe auswiegt und hochrechnet.

Die Maschenprobe muss natürlich in derselben Technik (in Reihen, in Runden, im Wendemuster, Entrelac), in demselben Muster, mit derselben Wolle und Nadelstärke gearbeitet werden, die man dann auch verwenden möchte.

Eine Maschenprobe sollte möglichst größer sein als 10 x 10 cm (gut wären 20 x 20 cm), um die Maschen und Reihen auf 10 x10 cm auszählen zu können. Bei größeren Proben als 10 x 10 cm arbeitet man schon mehr im Rhythmus des Musters oder der Technik als bei kleinen Maschenproben von z. B. 10 Maschen x 10 Reihen, sodass eine größere Maschenprobe wirklichkeitsgetreuere Rückschlüsse ziehen lässt.

Die Maschenprobe wird entweder im leicht gedehnten Zustand, nicht gedehnten oder gespannten Zustand ausgemessen – das hat natürlich Auswirkungen auf die Maschen- und Reihenanzahl.

Ich selbst zähle meine Maschenproben meistens im leicht gedehnten Zustand aus.

Es gibt Hilfsschablonen, mit denen man die Maschen und Reihen auf 5 x 5 cm auszählen kann, aber diese Methode halte ich für zu ungenau. Das mag bei kleinen Teilen klappen, bei großen Teilen allerdings eher weniger. Und warum werden ausgerechnet 10 x10 cm ausgezählt? Weil man mit 10-cm-Angaben einfach leichter rechnen kann.

Nun wünsche ich viel Spaß mit den Modellen in diesem Buch!

Ihre Kathrin Müller

Videos zu den Grundlagen des Tunesischen Häkelns gibt es in meinem YouTube-Kanal unter http://goo.gl/ftWCvi

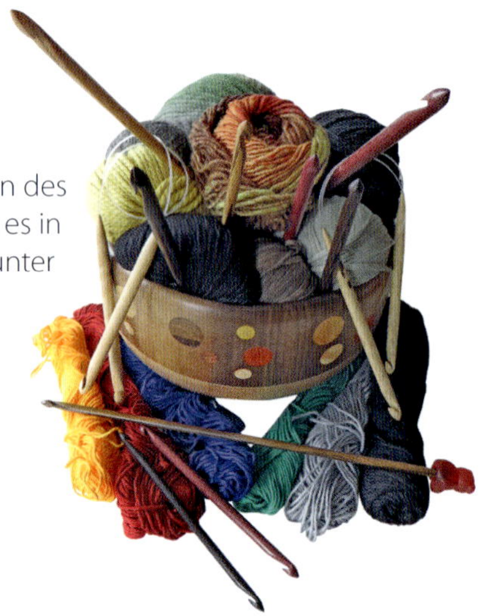

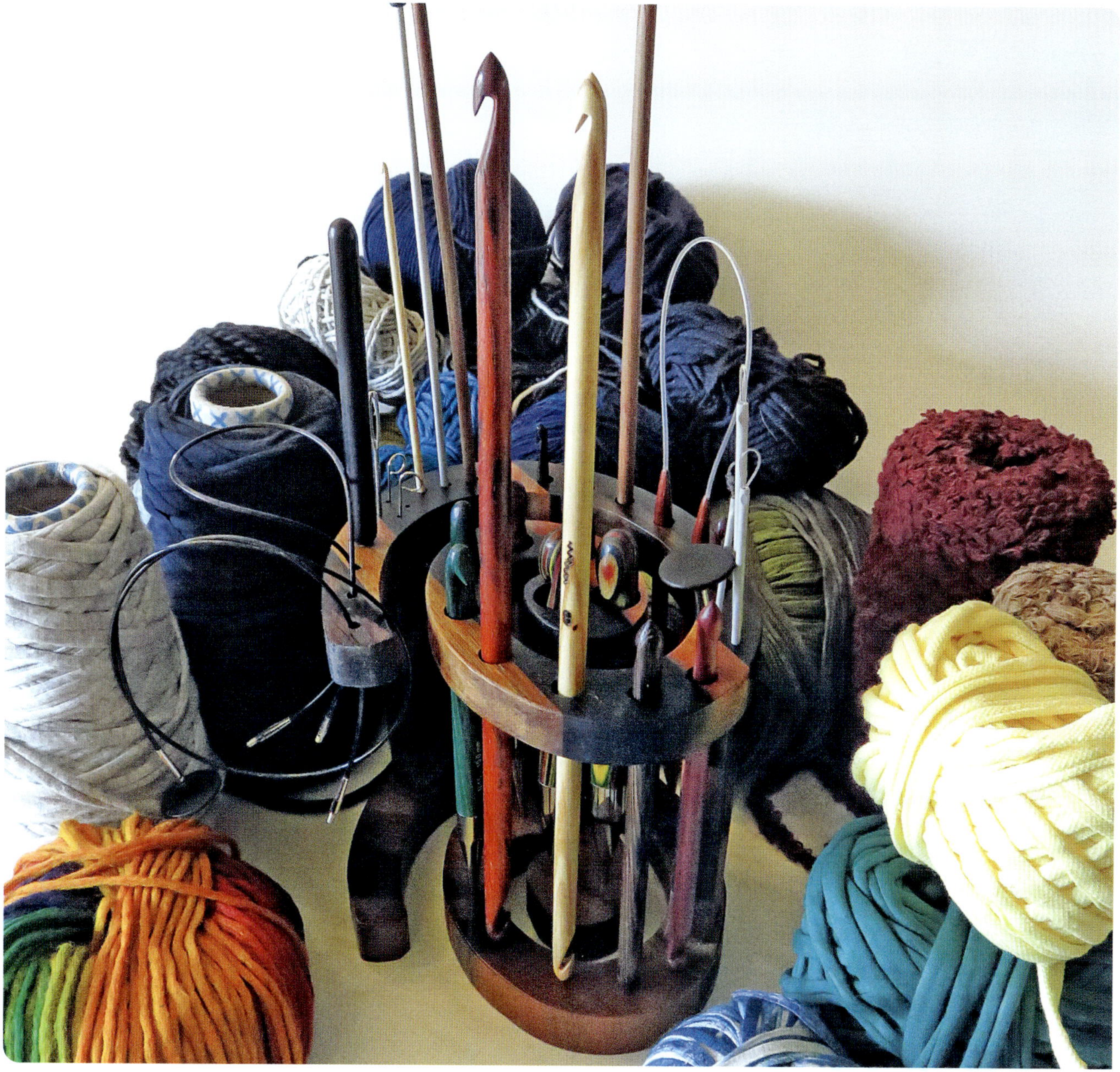

Großes Kuschelkissen

im tunesischen versetzten Kreuzstich

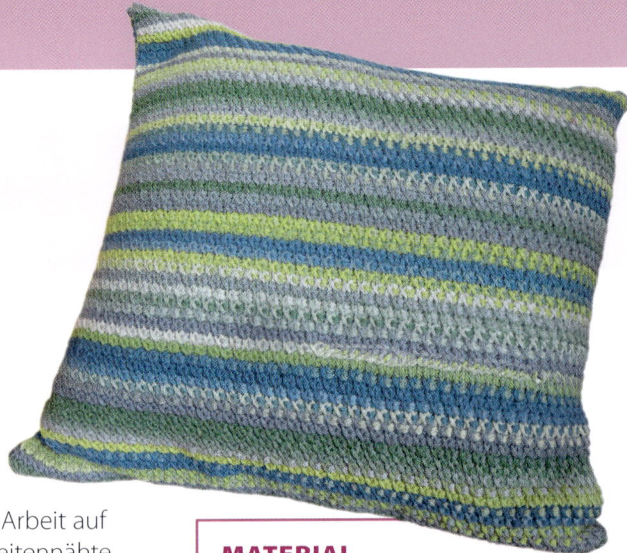

Anforderungen: tunesisch in Reihen arbeiten
Tunesischer Kreuzstich, versetzt
Maschenprobe: 15 Maschen und 10 Reihen im versetzten Kreuzstich = 10 x 10 cm.
Größe: 60 x 60 cm

Anleitung

100 Luftmaschen anschlagen und die Grundreihe arbeiten (Schlingen aus der Luftmaschenkette aufnehmen und wie gewohnt abmaschen). 120 Reihen im versetzen Kreuzstich arbeiten und dann alle Maschen im Muster abketten.
Zuletzt die Maschen mit Kettmaschen abketten.

Fertigstellung

Alle Fäden vernähen. Die Arbeit auf die Hälfte falten und die Seitennähte zusammennähen. Die Kissenfüllung in die Hülle stecken und die letzte Naht schließen. Alternativ kann auch ein Reißverschluss eingenäht werden.

TIPP

Das Zählen der Reihen wird erleichtert, wenn Sie z. B. alle 10 oder 20 Reihen einen Maschenmarkierer am Rand setzen.

MATERIAL

WOLLE

- 400 g Lana Grossa Colorato – Farbe 008 (Gelb/Grün/Petrol/Graugrün/Grüngrau) – Lauflänge: 135 m/50 g

NADELN

- tunesische Häkelnadel Nr. 9 mit Seil mit mindestens 40 cm Länge
- Wollnähnadel zum Vernähen der Fäden und zum Zusammennähen
- 1 waschbares Innenkissen, 60 x 60 cm

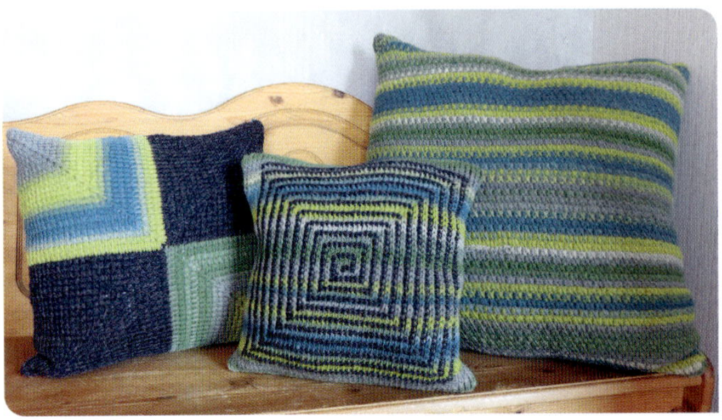

Kissen in verschiedenen Techniken

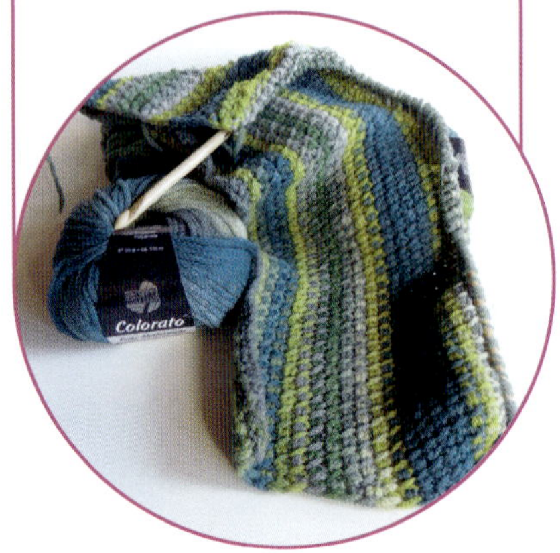

DER TUNESISCHE VERSETZTE KREUZSTICH

Der Kreuzstich besteht immer aus 2 Maschen. Es wird zuerst die zweite Masche im Grundstich gearbeitet und dann die übergangene erste Masche, dadurch entsteht die Verkreuzung. Es wird eine gerade Maschenanzahl benötigt. Die erste Masche (die schon von der Rückreihe auf der Nadel ist) und die letzte Masche sind die Randmaschen und zählen nicht zum Kreuzstich dazu.

Reihe 1

Die Randmasche ist schon auf der Nadel, zuerst die zweite Masche im Grundstich arbeiten, dann die übergangene erste Masche im Grundstich arbeiten. Auf diese Weise bis zum Ende der Reihe arbeiten und die Randmasche nicht vergessen. Die Rückreihe, wie gewohnt, abmaschen.

Reihe 2

Die Randmasche ist schon auf der Nadel, eine Masche im Grundstich arbeiten, dann zuerst mit der 3. und anschließend mit der 2. Masche weiter im Kreuzstich bis zum Ende der Reihe arbeiten. 1 Masche im Grundstich und die Randmasche. Die Rückreihe, wie gewohnt, abmaschen. Diese 2 Reihen immer wiederholen.

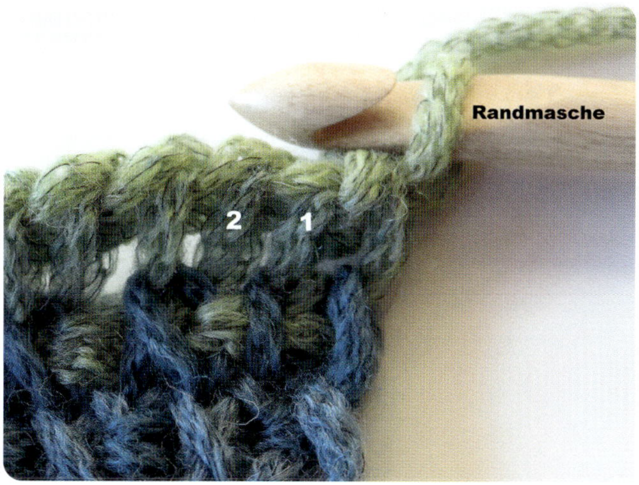

Reihe 1

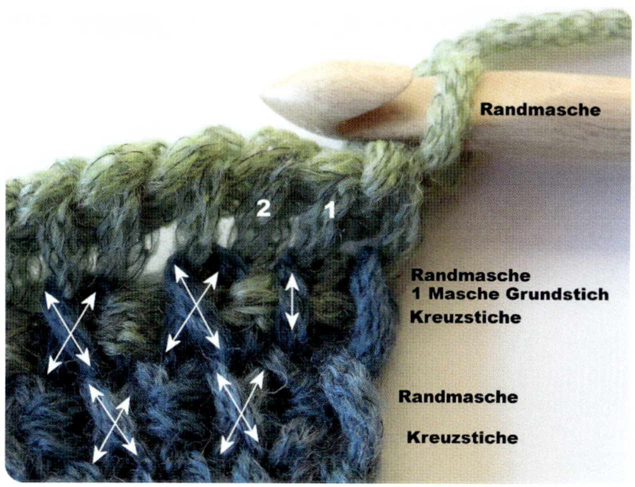

Reihe 1 und 2. Die gekreuzten Pfeile verdeutlichen den versetzten Kreuzstich.

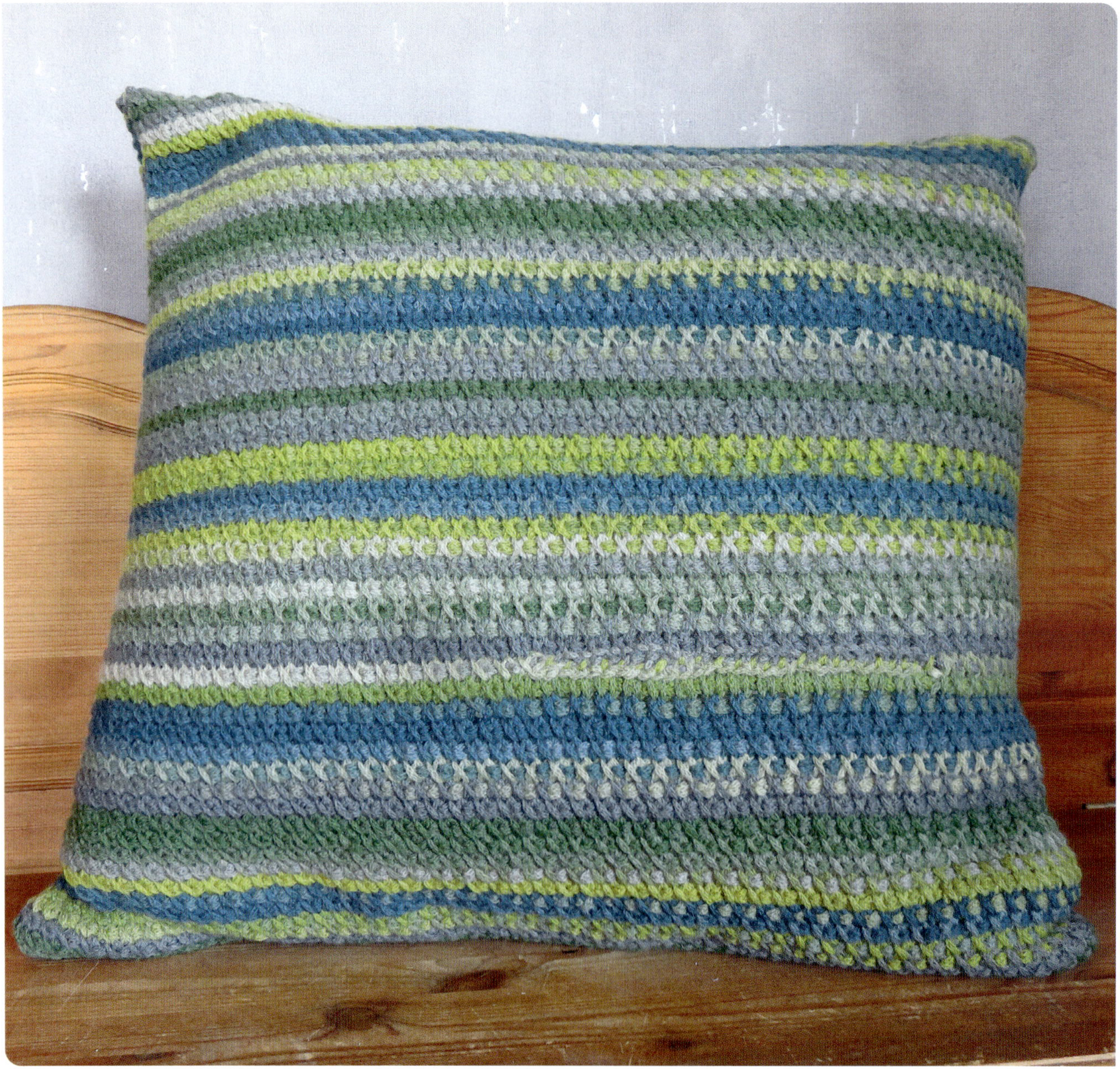

Kissen aus Patches

Anforderungen: tunesisch in Reihen arbeiten, Tunesischer Grundstich, Farbwechsel in der Hinreihe, Technik der Patches, doppelte Abnahmen, Maschen auffassen
Maschenprobe: Ein Patch mit 53 Maschen hat eine Seitenlänge von ca. 20 x 20 cm.
Größe: 40 x 40 cm

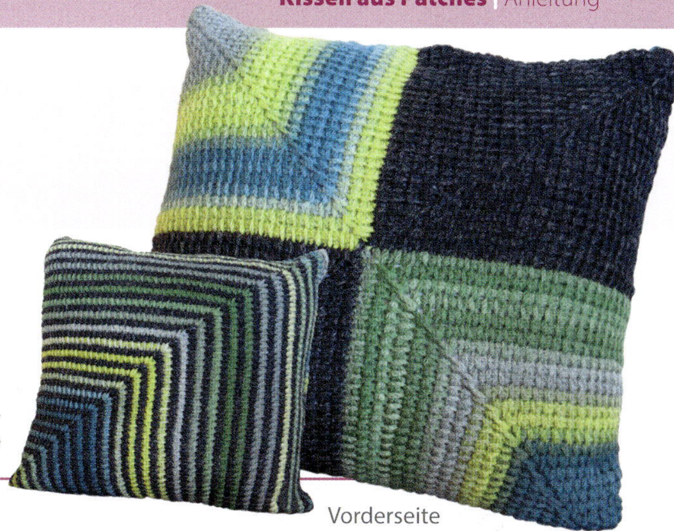

Rückseite

Vorderseite

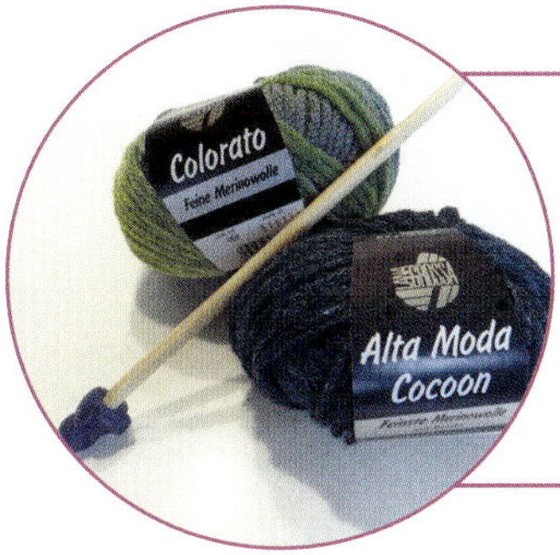

MATERIAL

WOLLE

- 100 g Lana Grossa Colorato – Farbe 008 (Gelb/Grün/Petrol/Graugrün/Grüngrau) – Lauflänge: 135 m/50 g
- 70 g Lana Grossa Cocoon – Farbe 006 (Anthrazit) – Lauflänge: 170 m/50 g

NADELN

- tunesische Häkelnadel Nr. 8 als starre 30 cm lange Nadel oder Nadelspitze mit Seil
- Wollnähnadel zum Vernähen der Fäden und zum Zusammennähen.
- 1 waschbares Innenkissen, 40 x 40 cm

Anleitung

Das Kissen besteht aus insgesamt 5 Patches, die alle aneinander gearbeitet werden. Es wird im Grundstich gearbeitet.

Patch 1 mit Colorato

53 Luftmaschen anschlagen und die Schlingen holen. Die mittlere Masche markieren. Diese Markierung bei Patch 1 ist doppelt wichtig, da zum einen die Maschen links und rechts von der Mittelmasche mit dieser zusammen abgemascht werden und zum anderen diese Mittelmasche der Startpunkt für die noch folgenden Patches ist. In jeder Rückreihe die mittleren 3 Schlingen zusammen abmaschen (der Faden wird also insgesamt durch 4 Schlingen gezogen). In der folgenden Hinreihe die Nadel durch die 3 zusammen abgemaschten Schlingen stechen und eine Schlinge auf die Nadel holen. Die mittleren Abnahmen so lange arbeiten, bis nur noch 3 Schlingen auf der Nadel sind, diese abmaschen und das Patch beenden.

Patch 2 mit Cocoon

In die markierte Mittelmasche von Patch 1 einstechen, Faden holen und 26 Luftmaschen anschlagen. 26 Schlingen aus den Luftmaschen auf die Nadel holen, 1 Schlinge (Mittelmasche) aus der Einstichstelle und 26 Schlingen aus dem Seitenrand von Patch 1 aufnehmen. Patch 2 wie Patch 1 arbeiten.

Patch 3 mit Colorato

Wie Patch 2 arbeiten.

Patch 4 mit Cocoon

26 Schlingen aus der Seite von Patch 1, die Mittelmasche aus der vorherigen Einstichstelle, 26 Schlingen aus der Seite von Patch 3 holen. Das Patch wie die anderen arbeiten.

Patch 5 mit Colorato und Cocoon

In die obere rechte Ecke von Patch 1 mit der Colorato einstechen, eine Luftmaschenkette von 52 Maschen anschlagen und die Schlingen auf die Nadel holen. Eine Schlinge aus der Einstichstelle bei Patch 1 (Mittelmasche) und 52 Schlingen aus dem oberen Rand von Patch 1 und 4 holen und die Mittelmasche markieren. Insgesamt sind nach der Aufnahme der Schlingen 105 Maschen auf der Nadel. Dieses große Patch, wie gehabt, arbeiten, aber in jeder Hinreihe die Farbe wechseln. Für den Farbwechsel die letzten 2 Schlingen der Rückreihe schon mit der anderen Farbe abmaschen und die Fäden auf der Rückseite verkreuzen. Die letzten 2 Reihen mit der Colorato arbeiten.

Fertigstellung

Alle Fäden vernähen. Die Arbeit zur Hälfte falten und die Seitennähte zusammennähen. Die Kissenfüllung in die Hülle stecken und die letzte Naht schließen.

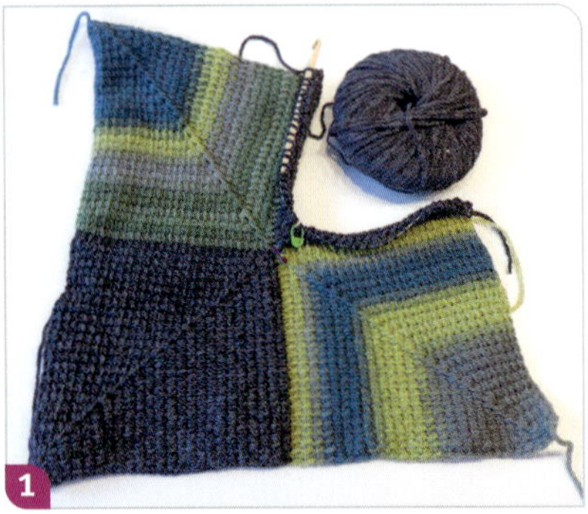

Maschenaufnahme für Patch 4.

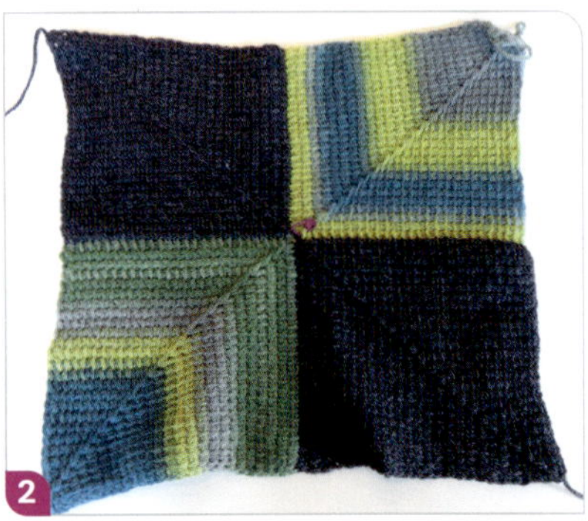

Patch 4 fertig.

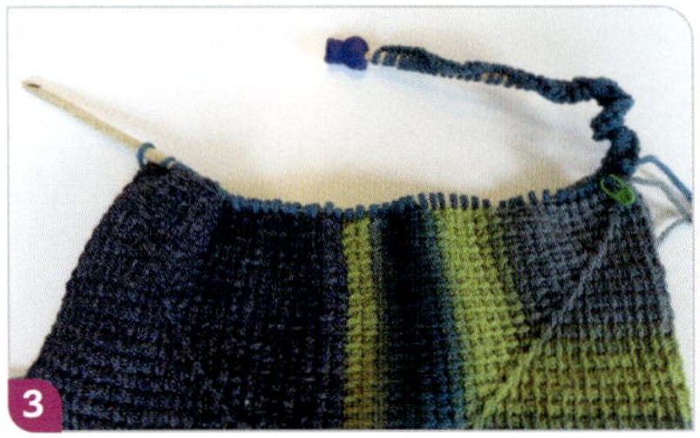

Maschenaufnahme für Patch 5.

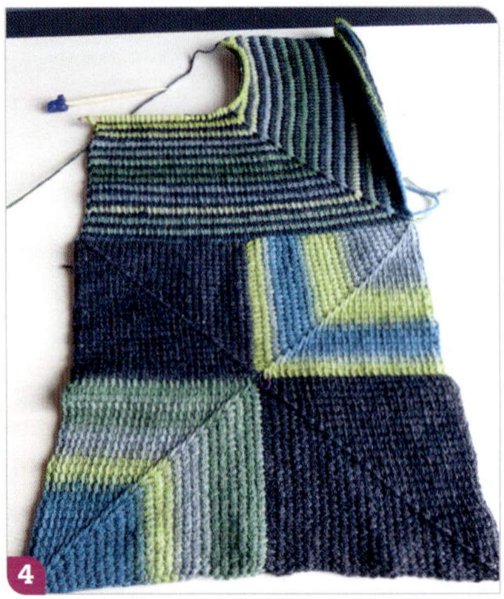

Patch 5 ist fast fertiggestellt.

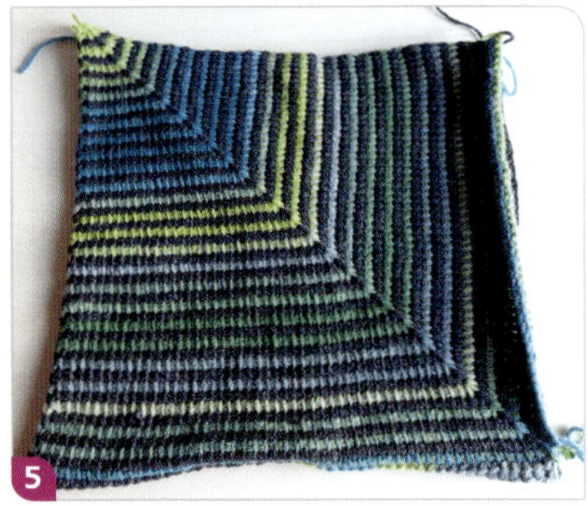

Die Rückseite aus Patch 5.

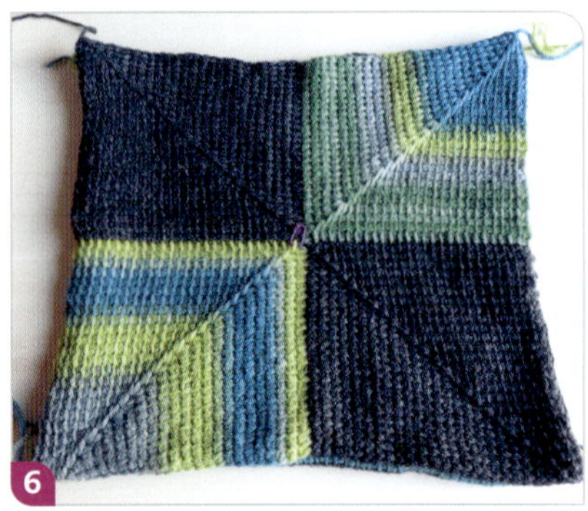

Die Vorderseite aus den Patches 1-4.

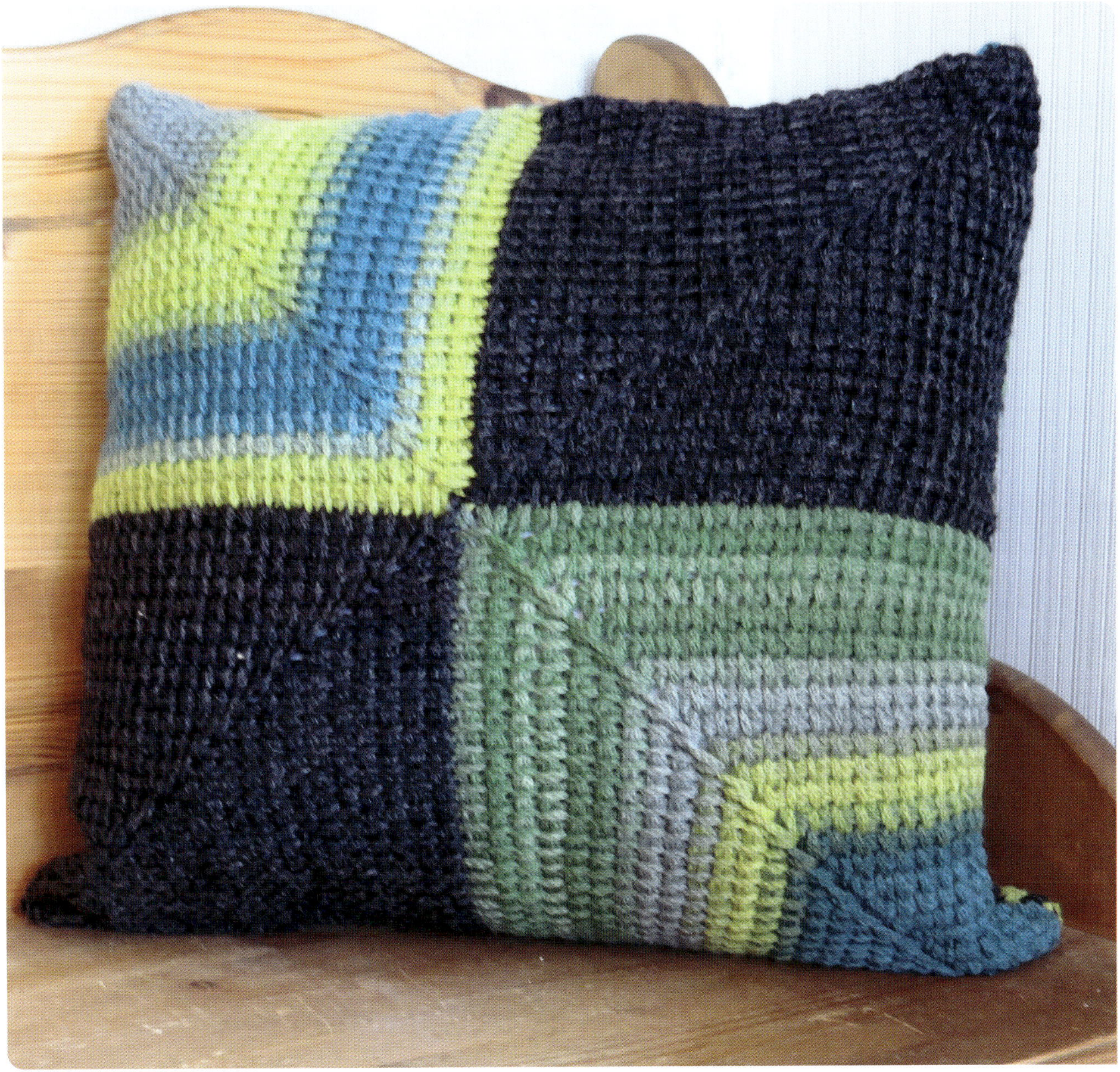

DIE TECHNIK DER PATCHES

Die Patches (abgeleitet von Patchwork) sind eine einfache Möglichkeit, verschiedenste Sachen zu arbeiten – von Kissen über Westen und Jacken bis zu großen Decken ist alles machbar.
Die Patches werden direkt aneinander gearbeitet, müssen also nicht zusammengenäht werden.

Ein Patch beginnt immer mit einer Luftmaschenkette mit ungerader Maschenanzahl, dann die Schlingen auf die Nadel holen und die mittlere Masche mit einem Maschenmarkierer kennzeichnen.
Die mittleren 3 Maschen werden dann zusammen abgemascht, somit nimmt man pro Reihe 2 Maschen ab.

Für diese Abnahmen in der Mitte gibt es verschiedene Varianten, hier stelle ich meine bevorzugte vor. Durch die mittleren Abnahmen entsteht eine Abnahmelinie. Je nachdem, an welcher Ecke des fertigen Patches man das neue Patch ansetzt, verändert sich die Richtung dieser Abnahmelinie.

Die Technik der Patches in Bildern

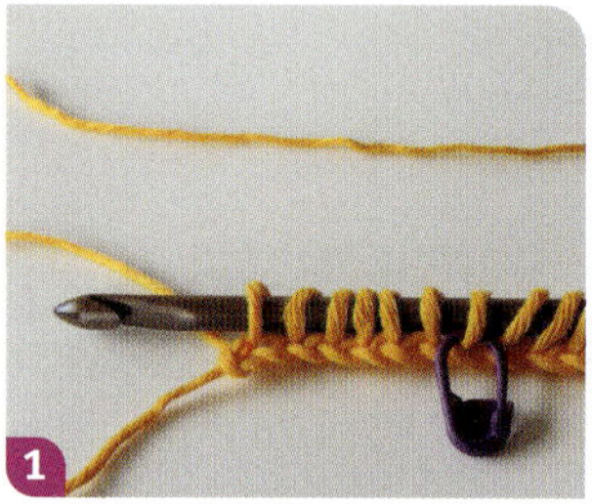

Luftmaschen anschlagen, Schlingen aufnehmen und die Mittelmasche markieren.

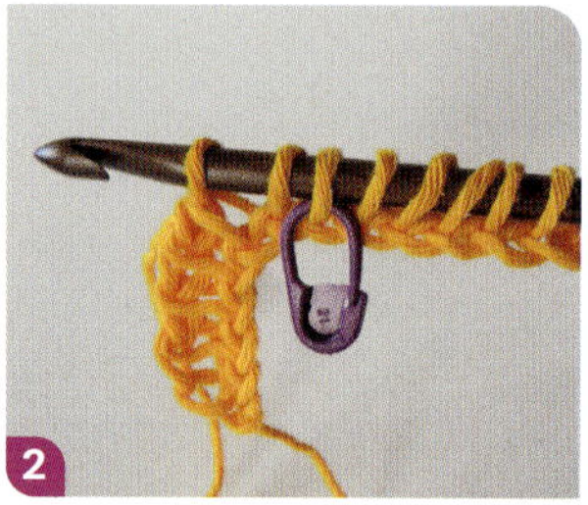

Die Maschen rechts und links von der Mittelmasche zusammen abmaschen – der Faden wird durch insgesamt 4 Schlingen gezogen.

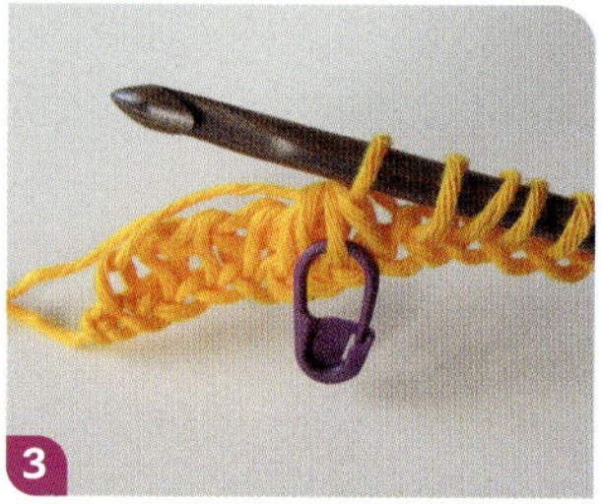

Maschen zusammen abgemascht.

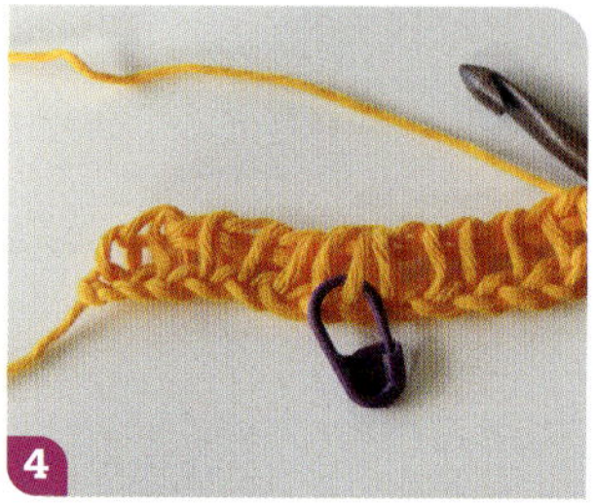

Beginn der Hinreihe

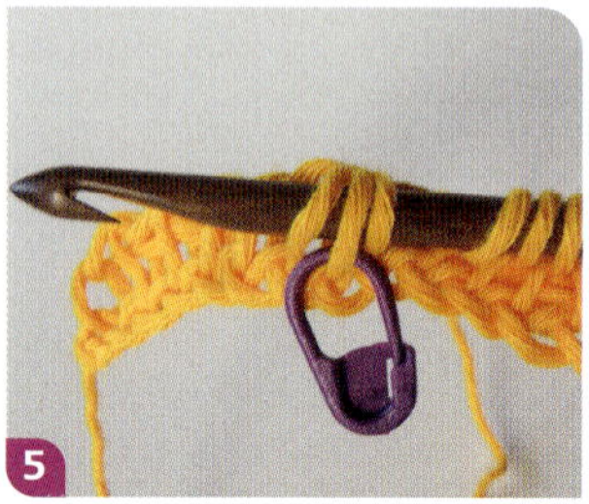

Nadel durch die 3 zusammenabgemaschten Schlingen stechen.

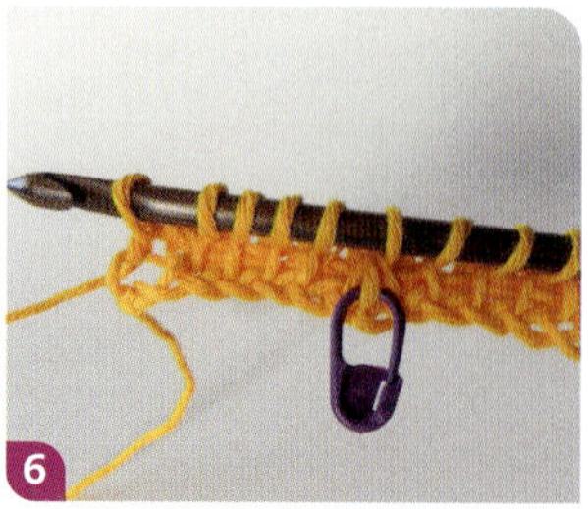

So sieht die Mittelmasche dann aus.

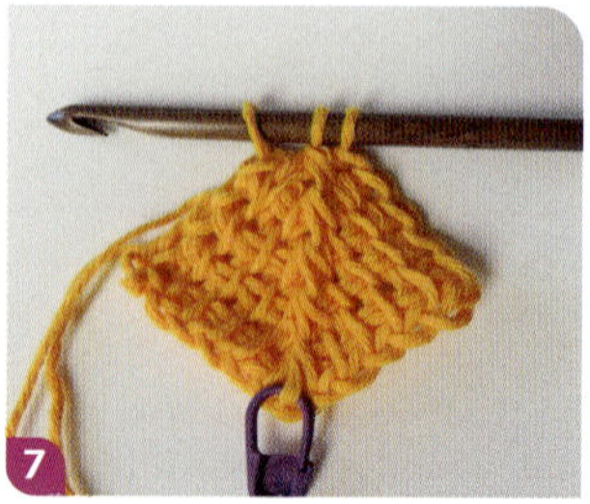

Die letzten drei Maschen zusammen abmaschen und das Patch beenden.

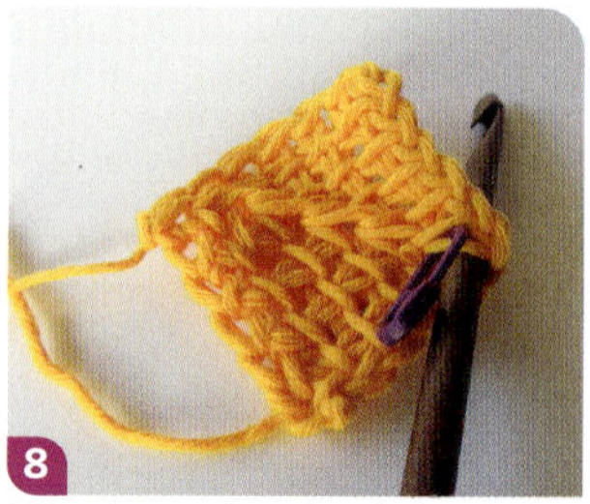

Für das nächste Patch durch die erste Mittelmasche des ersten Patches stechen.

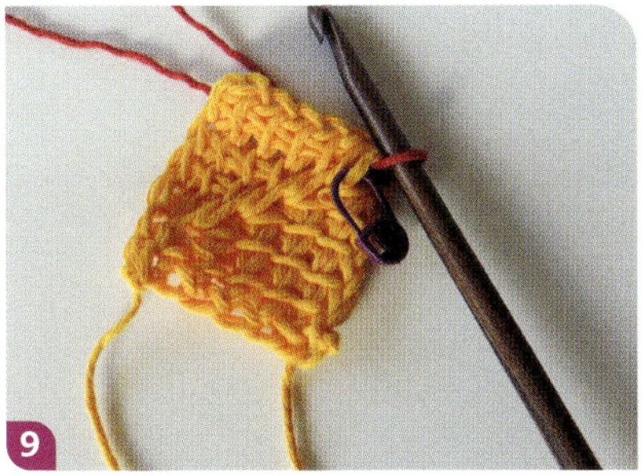

9 | *Schlinge holen.*

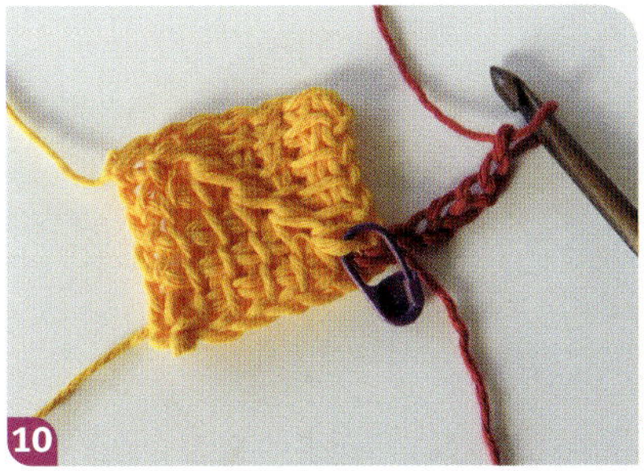

10 | *Die Hälfte der Luftmaschen anschlagen, die für ein Patch benötigt werden.*

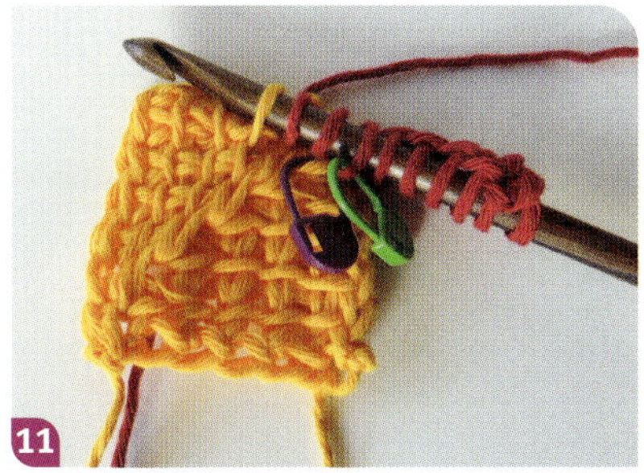

11 | *Die andere Hälfte der nötigen Maschen aus der Seite des ersten Patches holen und die Mittelmasche wieder markieren.*

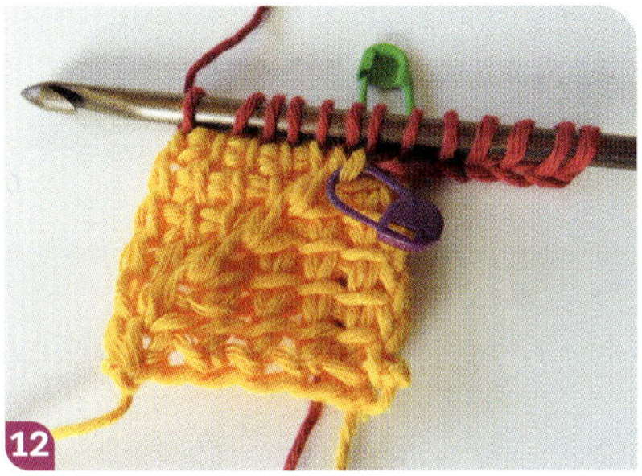

12 | *So sieht es dann aus – der grüne Maschenmarkierer gehört zum roten Patch, der lila Maschenmarkierer zum gelben Patch.*

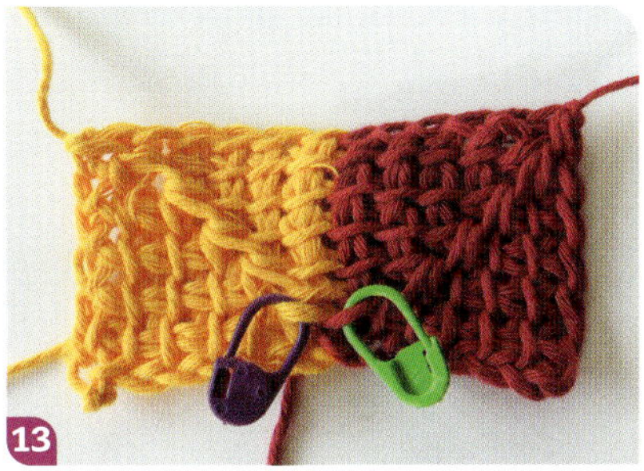

13 | *Zwei Patches sind fertig.*

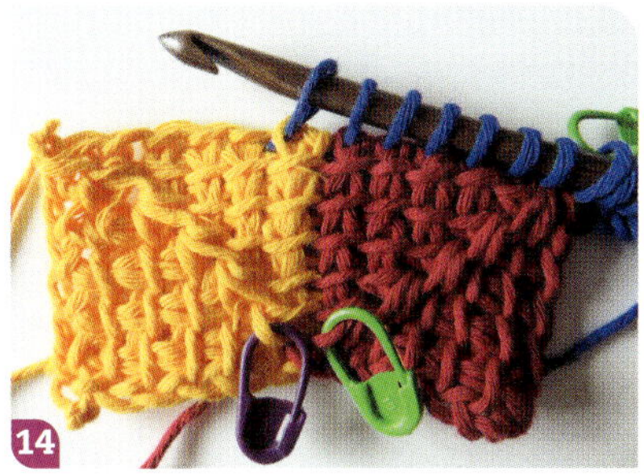

14 | *Maschen aus 2 Patches aufnehmen.*

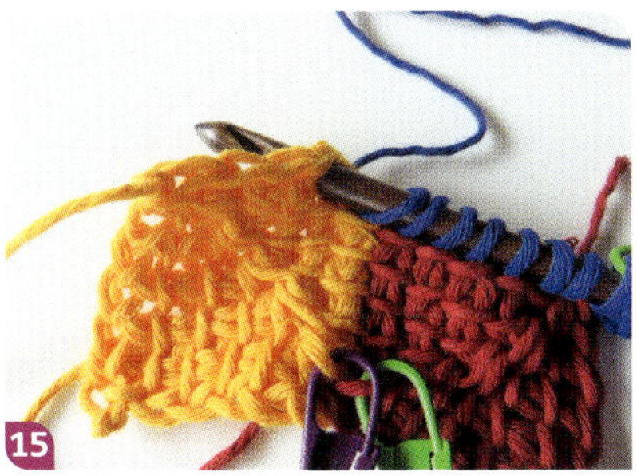

15 | *Einstechen für die Maschenaufnahme …*

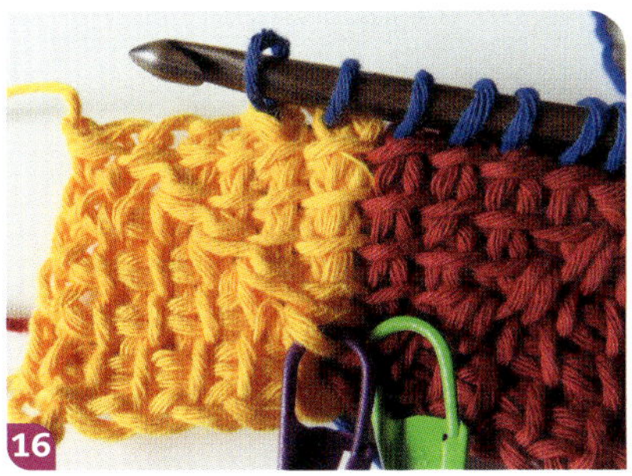

16 | *… und Schlinge auf die Nadel holen.*

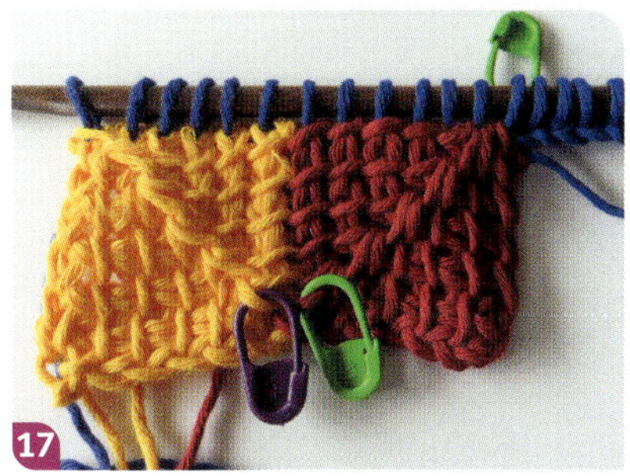

17 | *Die Hälfte der Maschen für das große Patch wird mit Luftmaschen angeschlagen, die andere Hälfte aus dem oberen Rand der beiden kleinen Patches.*

Kissen mit Strukturmuster

Anforderungen: tunesisch in Reihen arbeiten, Tunesischer Strickstich, Tunesischer Reversestich, Lesen von Zählmustern
Maschenprobe: 15 Maschen x 15 Runden = 10 x 10 cm
Größe: 35 x 35 cm

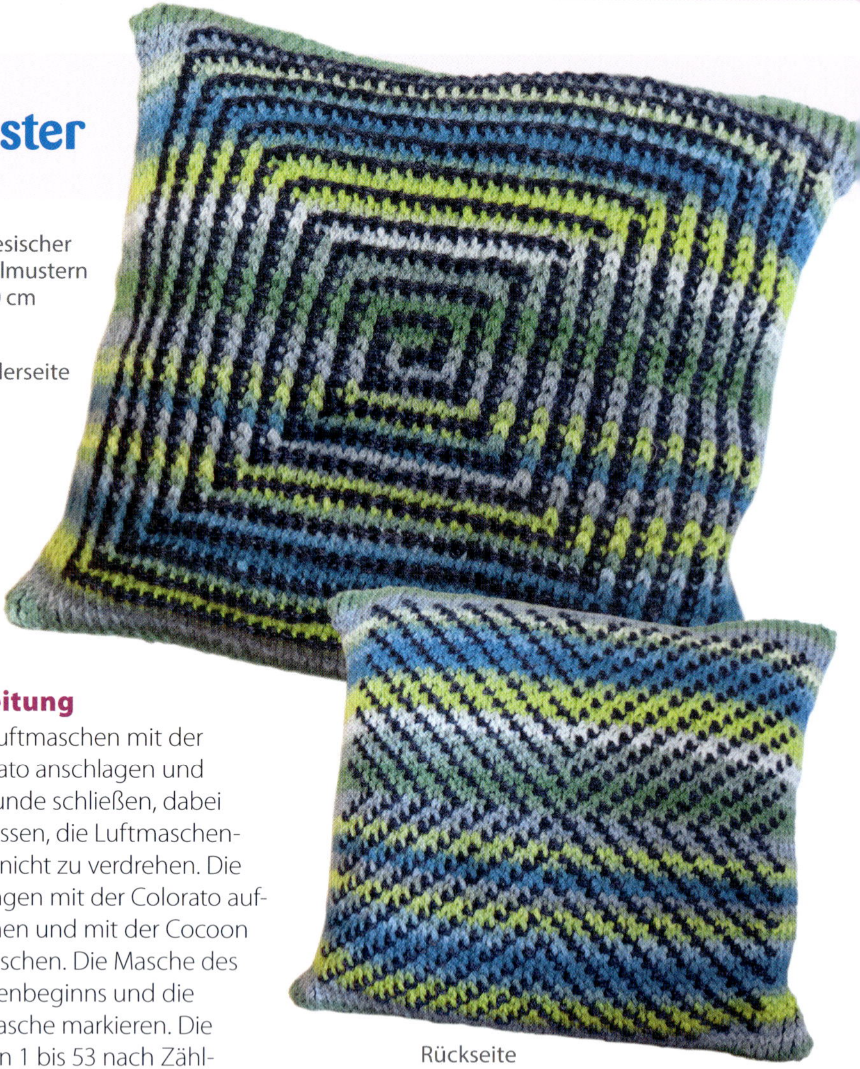

Vorderseite

Rückseite

MATERIAL

WOLLE

- 100 g Lana Grossa Colorato – Farbe 008 (Gelb/Grün/Petrol/Graugrün/Grüngrau) – Lauflänge: 135 m/50 g
- 100 g Lana Grossa Cocoon – Farbe 006 (Anthrazit) – Lauflänge: 170 m/50 g

NADELN

- tunesische Doppelnadel Nr. 8 mit gleicher Größe der Haken auf beiden Seiten
- Wollnähnadel zum Vernähen der Fäden und zum Zusammennähen
- 1 waschbares Innenkissen, 35 x 35 cm
- 2 Maschenmarkierer

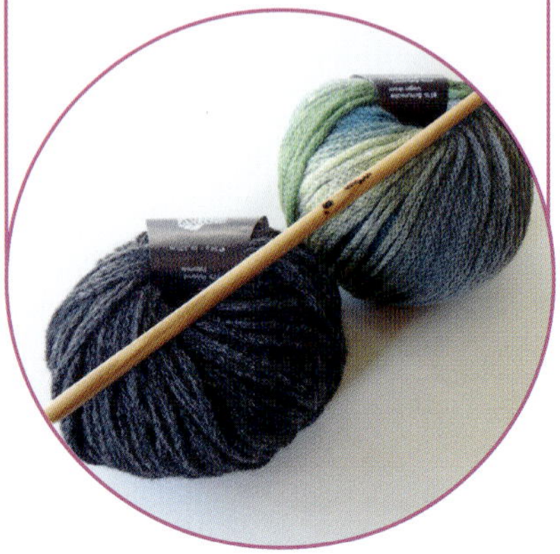

Anleitung

106 Luftmaschen mit der Colorato anschlagen und zur Runde schließen, dabei aufpassen, die Luftmaschenkette nicht zu verdrehen. Die Schlingen mit der Colorato aufnehmen und mit der Cocoon abmaschen. Die Masche des Rundenbeginns und die 53. Masche markieren. Die Reihen 1 bis 53 nach Zählmuster 1 und die Reihen 54 bis 106 nach Zählmuster 2 arbeiten. Die hellen Kästchen kennzeichnen den Strickstich, die dunklen Kästchen den Reversestich. Nach der letzten Runde (53) alle Maschen im Strickstich abketten.

Fertigstellung

Die Fäden vernähen, die obere Seite des Kissens zusammennähen, das Füllkissen hineinstecken und die untere Naht schließen.

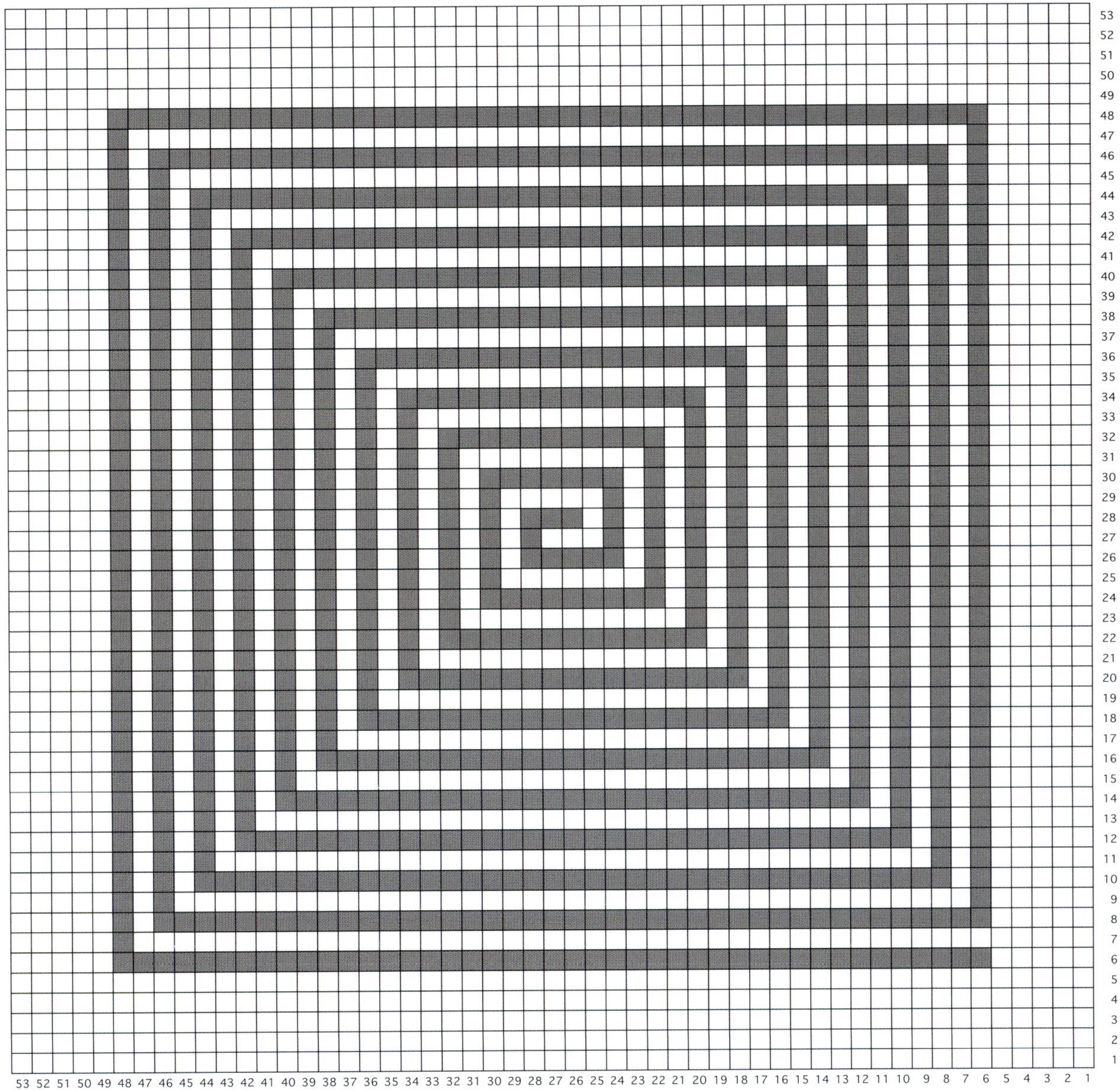

Vorne

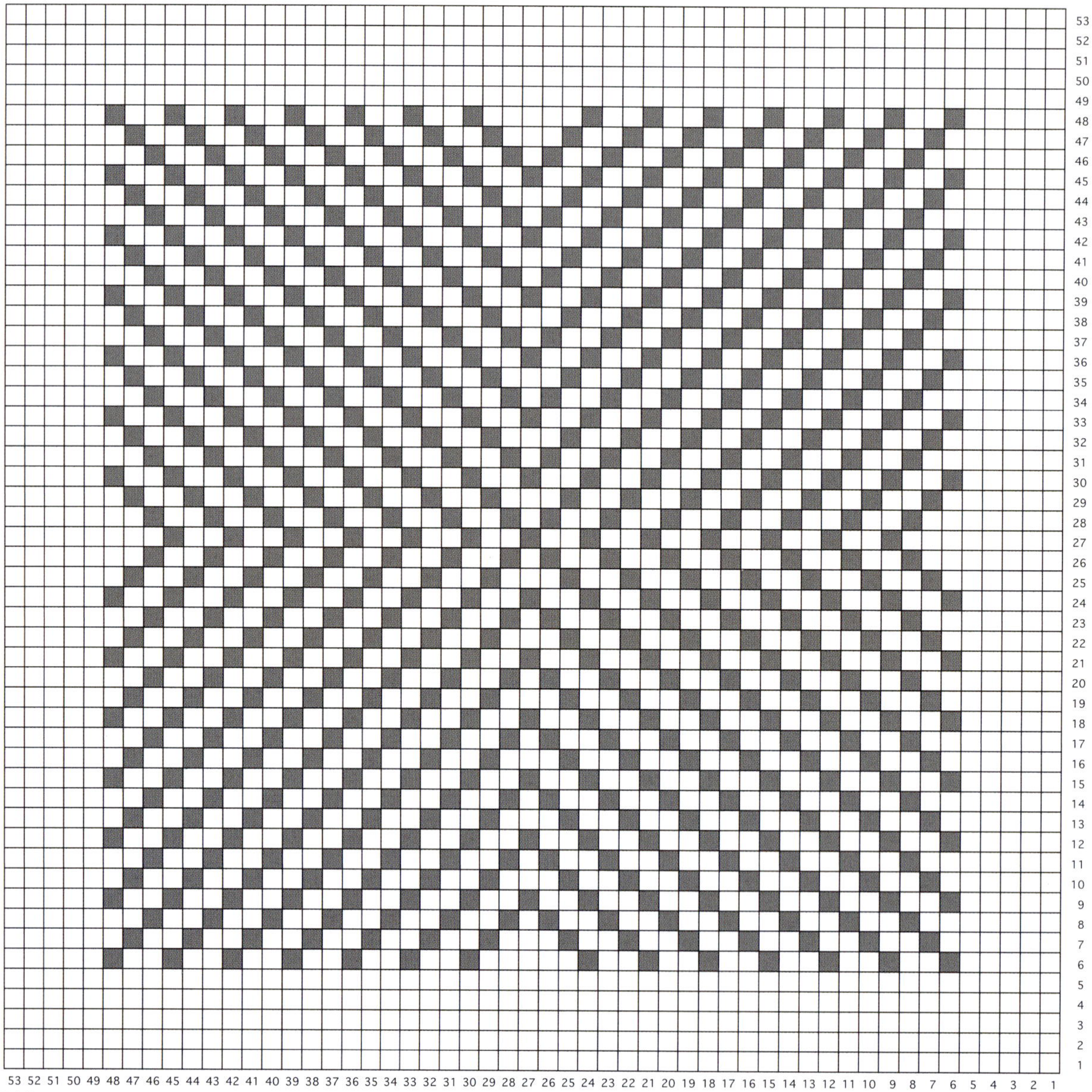

Hinten

Schmales Schultertuch
mit Reliefmuster

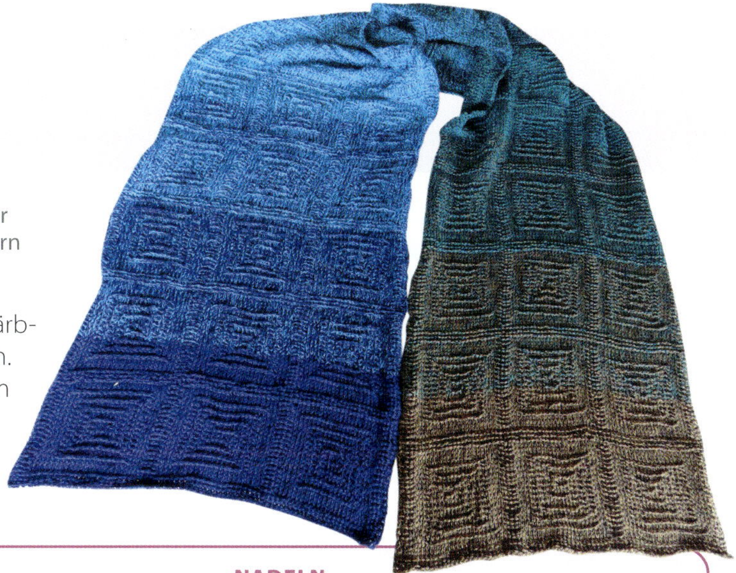

Anforderungen: tunesisch in Reihen arbeiten, Tunesischer Strickstich,Tunesischer Reversestich, Lesen von Zählmustern

Maße: 155 x 45 cm

Auch mit einem so genannten „Bobbel", also selbstgefärbtem oder gefachtem Garn, kann man tunesisch sträkeln. Dieses schmale Schultertuch ist 45 cm breit und 155 cm lang und wird nach der Grafik im Strickstich und Reversestich gearbeitet.

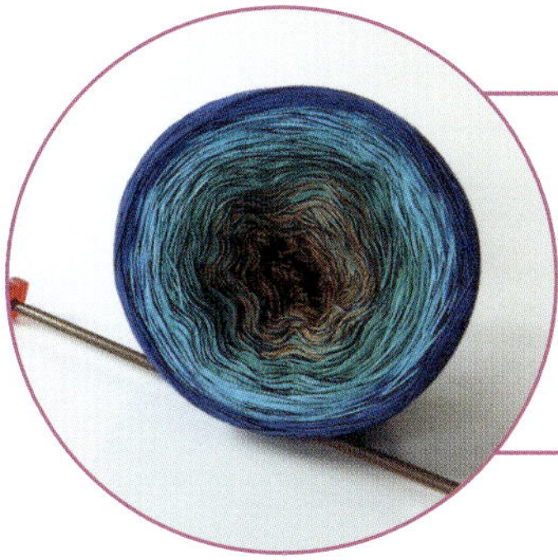

MATERIAL

WOLLE

- Vielgefacht® im Wollpalast – www.wollpalast.de, 4-fädig gefachtes Garn, Lauflänge: 1.200 m/ca. 300 g, 100 % reine Baumwolle

NADELN

- tunesische Nadel Nr. 5 als 30 cm lange starre Nadel oder eine Nadelspitze mit Seil,
- ggf. eine Nadel Nr. 4 oder 4,5, falls jemand sehr locker arbeitet
- Wollnähnadel zum Vernähen der Fäden

Anleitung

80 Luftmaschen anschlagen und die Grundreihe arbeiten. Danach weiter nach dem Zählmuster arbeiten.
Die erste und die letzte Masche sind immer die Randmaschen (RM), das Muster wird von den Maschen 1–78 und der Mustersatz von den Reihen 1–48 gebildet. Den Mustersatz bis zur gewünschten Länge wiederholen. Mit 3 Reihen im Reversestich enden und dann die Maschen im Reversestich abketten.

Fertigstellung

Alle Fäden vernähen, das Schultertuch spannen, leicht befeuchten und trocknen lassen.

Zählmuster

Die grauen Kästchen kennzeichnen den Reversestich, die hellen Kästchen kennzeichnen den Strickstich

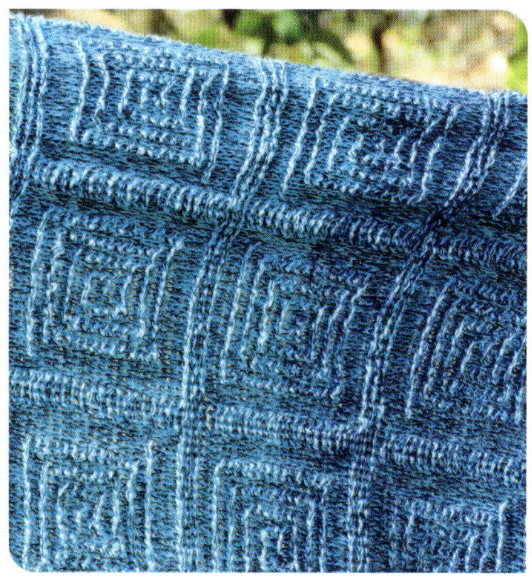

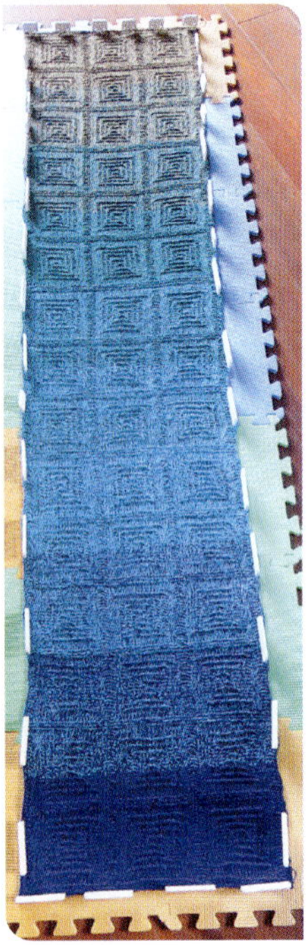

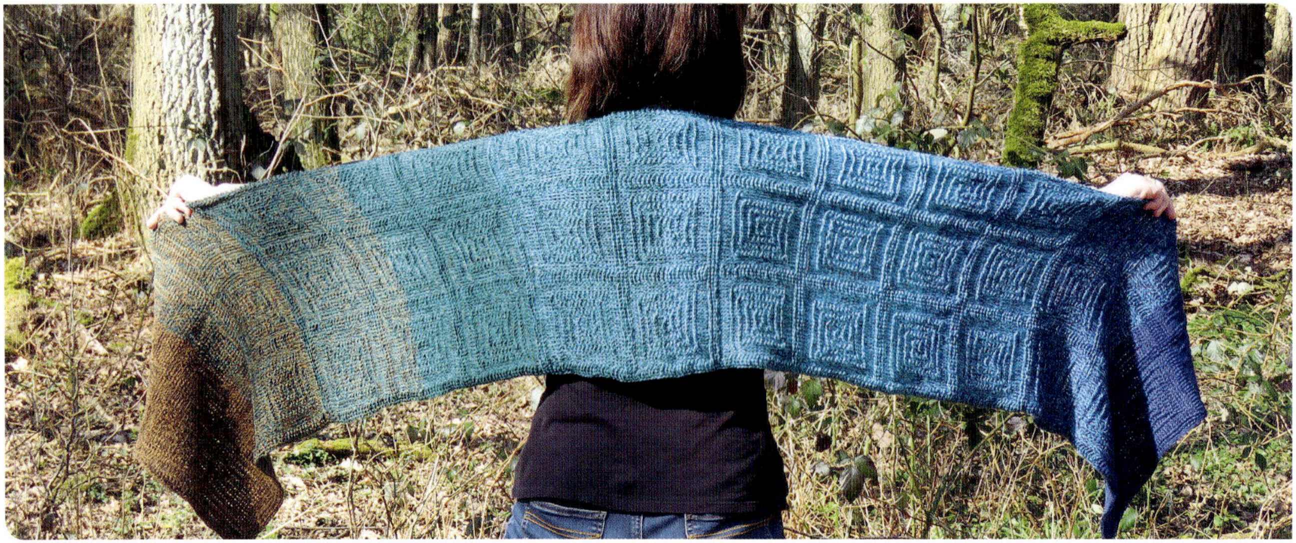

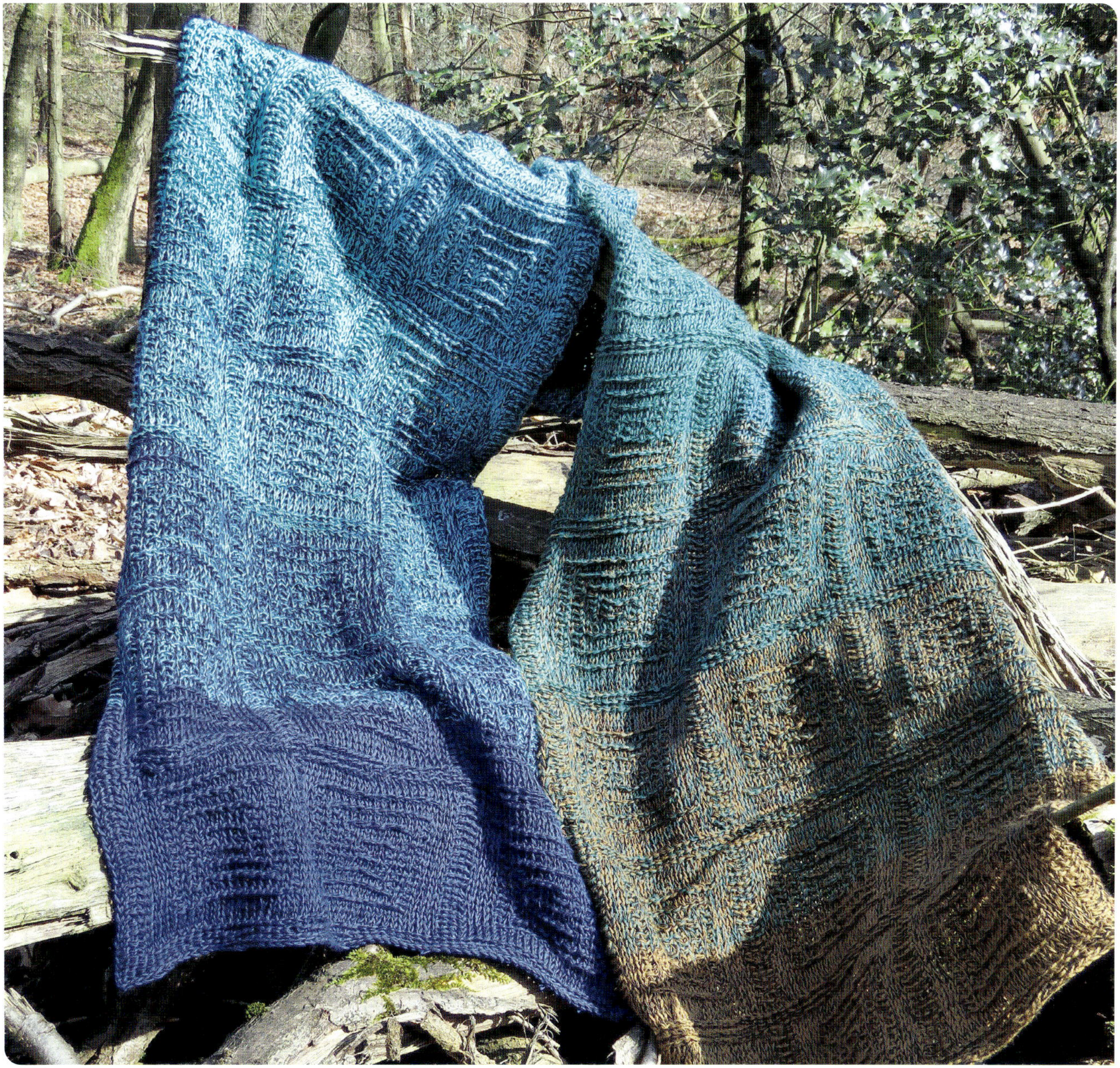

Großes Regenbogen-Dreieckstuch

im einfachen tunesischen Grundstich mit Würfelperlenrand

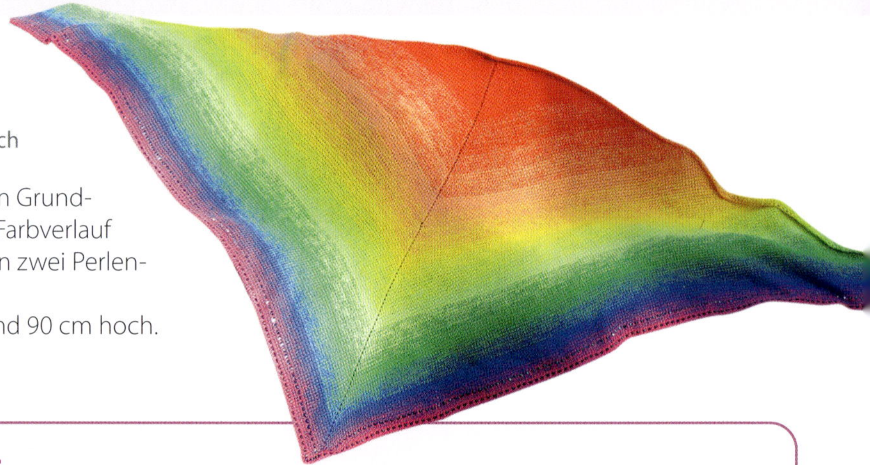

Anforderungen: tunesisch in Reihen arbeiten, Tunesischer Grundstich, einfache und doppelte sichtbare Zunahmen, Perlen einarbeiten
Maße: 190 cm an der langen Kante und 90 cm hoch

Dieses schlichte Dreieckstuch ist im tunesischen Grundstich gearbeitet, aber durch den Regenbogen-Farbverlauf wirkt es besonders schön. Den Abschluss bilden zwei Perlenreihen.
Das Tuch ist an der langen Seite 190 cm lang und 90 cm hoch.

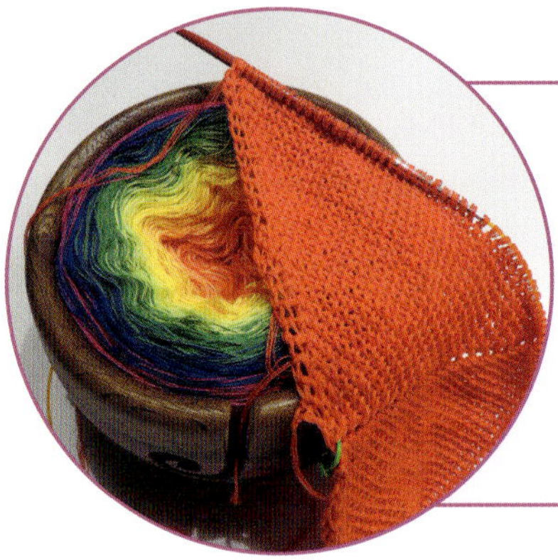

MATERIAL

WOLLE

- Vielgefacht® im Wollpalast – www.wollpalast.de, 4-fädig gefachtes Garn, Lauflänge: 1.250 m/ca. 310 g, 100 % reine Baumwolle
- Miyuki Würfel-Perlen, 4 mm, je 25 g opaque matte Black – 245 Stück (SB4-0401F) – und opaque rainbow Black – 241 Stück (SB4-0401R). www.miyukiperlen.de

NADELN

- tunesische Nadel Nr. 5 mit einem 120 cm langen Seil
- Wollnähnadel zum Vernähen der Fäden
- Häkelnadel Nr. 1,0

Anleitung

7 Luftmaschen anschlagen und die Grundreihe arbeiten.
Es werden in jeder Reihe insgesamt 4 Maschen zugenommen: Die erste Masche ist schon auf der Nadel, das ist die Randmasche Die zweite Masche wird folgendermaßen verdoppelt: Einstechen wie für den Strickstich und eine Schlinge auf die Nadel holen, in die gleiche Masche nun noch einen Grundstich arbeiten.
Bis zur Mittelmasche im Grundstich arbeiten und in die Mittelmasche eine doppelte Zunahme wie folgt arbeiten:
Einstechen wie für den Strickstich und Schlinge auf die Nadel holen, einen Umschlag machen und nochmal einstechen wie für den Strickstich und die Schlinge auf die Nadel holen.
Bis zur vorletzten Masche im Grundstich arbeiten und die vorletzte Masche genauso verdoppeln wie die zweite Masche.
Die letzte Masche – die Randmasche – wie gewohnt arbeiten und alle Schlingen in der Rückreihe abmaschen.

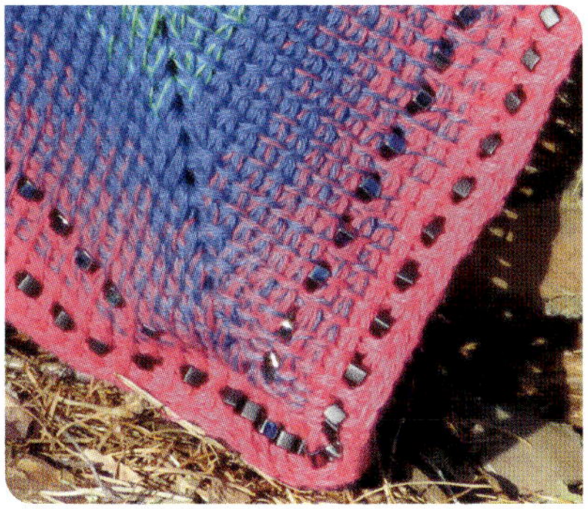

TIPP

Bitte genau darauf achten, dass bei der mittleren doppelten Zunahme 3 Schlingen abgemascht werden, die Schlingen „verstecken" sich gerne hintereinander.

Die Zunahmen bleiben in jeder Reihe gleich, alle anderen Maschen werden im Grundstich gearbeitet.

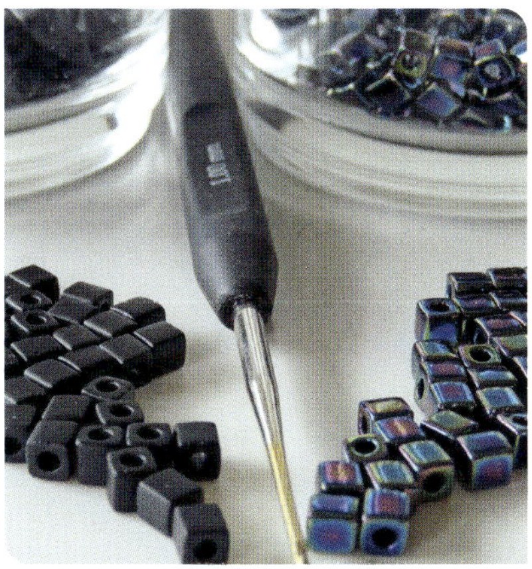

Das Tuch, wie beschrieben, arbeiten. Zum Ende hin die Restwolle abwiegen und, sobald nur noch 30 g Restwolle vorhanden sind, die folgende Hinreihe wie folgt mit den Rainbow-Würfelperlen arbeiten. Randmasche – Zunahme – dann abwechselnd 1 Masche mit Perle, eine Masche ohne Perle arbeiten bis 2 Maschen vor der Mittelmasche, diese zwei Maschen mit je einer Perle arbeiten und die doppelte Zunahme machen.

TIPP

Die mittlere Masche der doppelten Zunahme – das ist die Masche, die durch den Umschlag entsteht – bekommt in der Abmaschreihe auch noch eine Würfelperle – für diese eine Masche ist es einfacher, die Würfelperle in der Rückreihe aufzuziehen!

Die Reihe gegengleich beenden, also ab der Mittelmasche dann gegengleich bis zur Randmasche die Perlen einarbeiten, sodass die Perlen rechts und links der Mittelmasche an der gleichen Position sitzen. Die Maschen wie gewohnt abmaschen und dabei eine Perle auf die Mittelmasche aufziehen. 2 Reihen ohne Perlen arbeiten. Dann in der folgenden Reihe die schwarzen Würfelperlen und 3 Rainbow-Würfelperlen in die Mitte einarbeiten. Darauf achten, dass die schwarzen Perlen über den Rainbow-Perlen sitzen. Zuerst die Randmasche arbeiten, dann folgt eine Zunahme mit einer Perle, anschließend im Grundstich weiterhäkeln und abwechselnd 1 Masche mit Perle, 1 Masche ohne Perle arbeiten, bis 5 Maschen vor der Mittelmasche. Dort 2 Maschen mit je einer schwarzen Perle, 1 Masche mit einer Rainbow-Perle, 2 Maschen mit je einer schwarzen Perle arbeiten. Die doppelte Zunahme machen.

TIPP

Die Maschen der doppelten Zunahme, das sind die mittleren 3, bekommen in der Abmaschreihe auch Würfelperlen: 1 Rainbow-Perle, in der Mitte 1 schwarze Perle, 1 Rainbow-Perle. Für diese Maschen ist es einfacher, die Würfelperlen in der Rückreihe aufzuziehen!

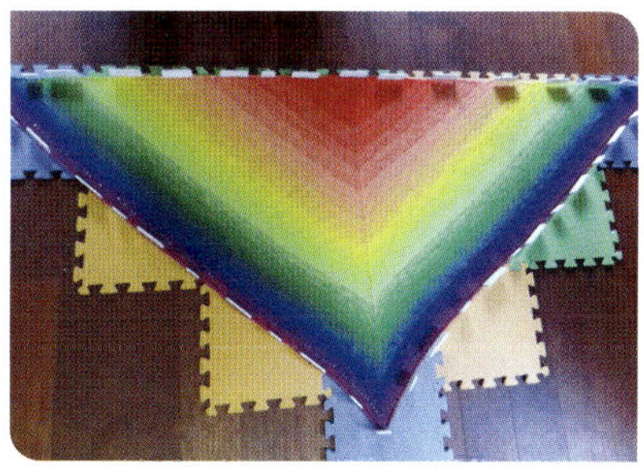

Die Reihe gegengleich beenden, also in die gleichen Maschen wie vor der Mittelmasche eine Perle einar-

beiten. Die Maschen wie gewohnt abmaschen und dabei auf die 3 Mittelmaschen, wie vorher beschrieben, Würfelperlen aufziehen.
In der folgenden Hinreihe alle Maschen locker abketten.

Fertigstellung
Alle Fäden vernähen, das Tuch spannen, leicht befeuchten und trocknen lassen. Sollten sich die Ränder dann doch noch aufrollen, dämpfen Sie das Tuch leicht und vorsichtig auf kleinster Stufe unter einem Handtuch.

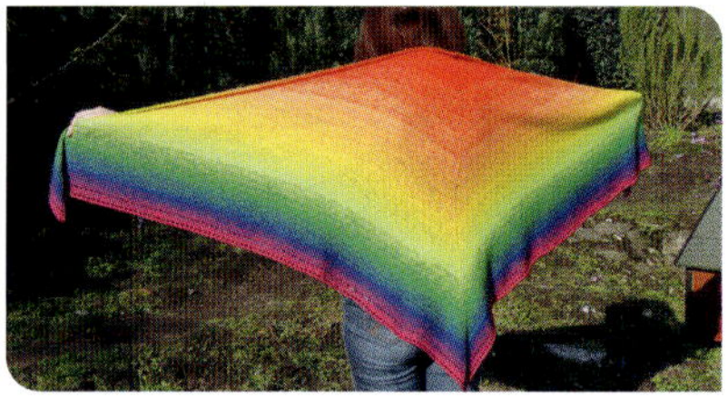

EINE ZUNAHME AM RAND

Um eine Masche am Rand zuzunehmen, ist das Vorgehen an beiden Seiten gleich. Eine Schlinge ist schon auf der Nadel, in die nächste Masche wie für den Strickstich einstechen und eine Schlinge holen. In die gleiche Masche noch mal wie für den Grundstich einstechen und noch eine Schlinge auf die Nadel holen. Eine Zunahme ist gearbeitet.

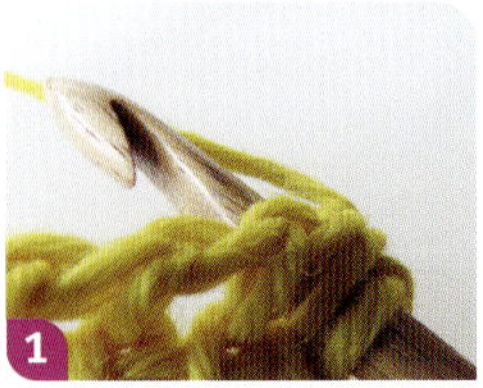
Einstechen wie für den Strickstich

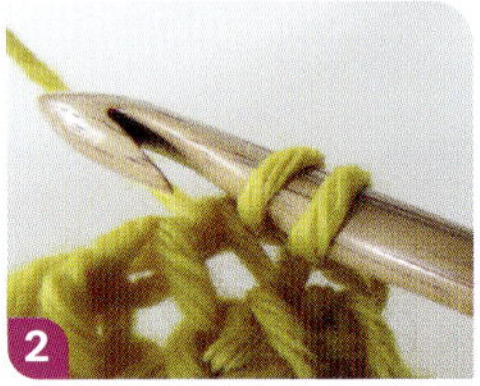
Schlinge holen.

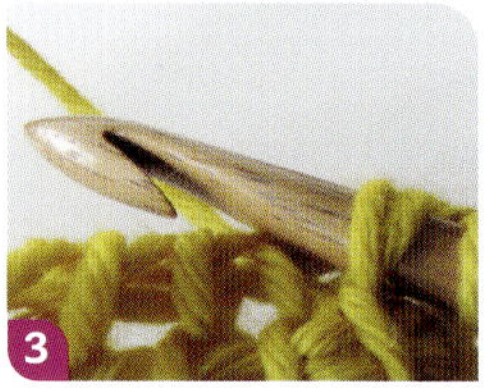
In die gleiche Masche nochmal einstechen.

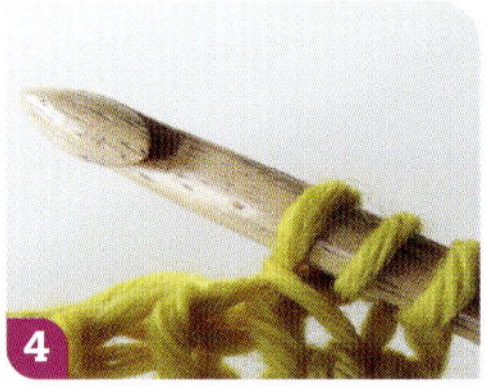
Schlinge holen. Eine Zunahme ist gearbeitet.

DOPPELTE, SICHTBARE ZUNAHME

In die Masche einstechen wie für den Strichstich und die Schlinge auf die Nadel holen. Einen Umschlag machen, dann nochmal in die gleiche Masche wie für den Strickstich einstechen und noch eine Schlinge auf die Nadel holen. Eine doppelte sichtbare Zunahme ist gearbeitet.

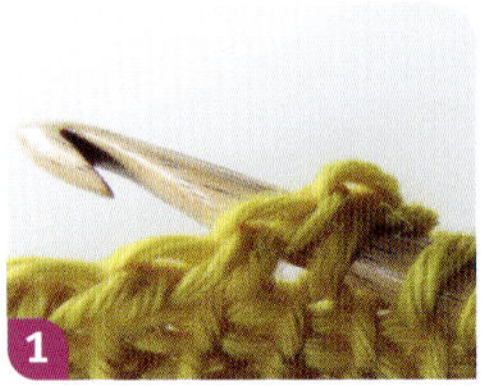
Einstechen wie für den Strickstich

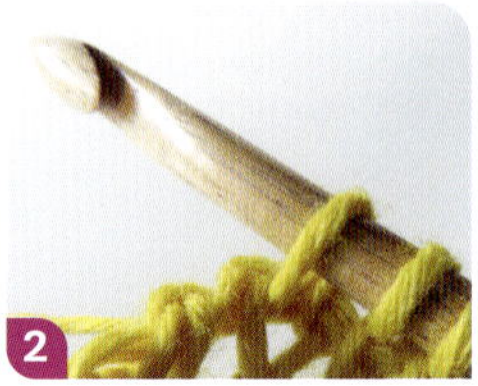
Schlinge holen.

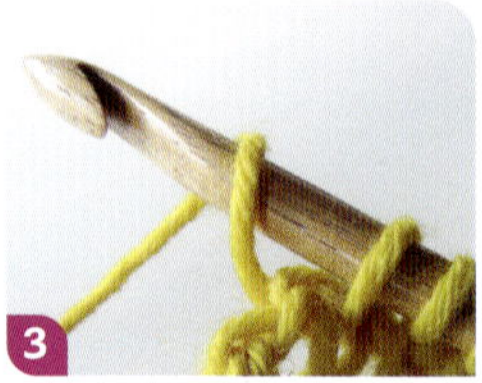
Einen Umschlag machen und nochmal ...

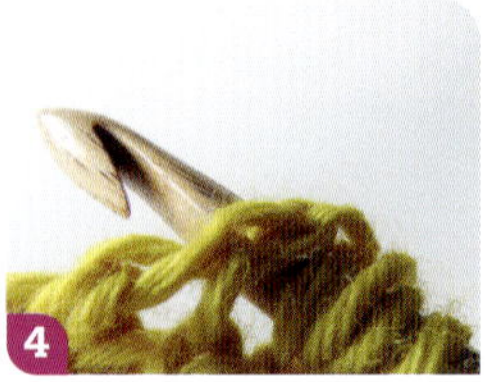
... einstechen wie für Strickst. und Schlinge holen.

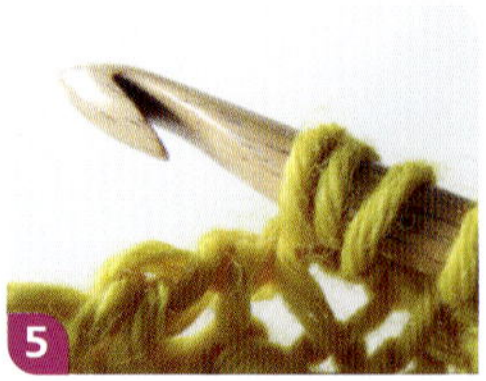
Eine sichtbare, doppelte Zunahme im Strickstich.

PERLEN VERARBEITEN

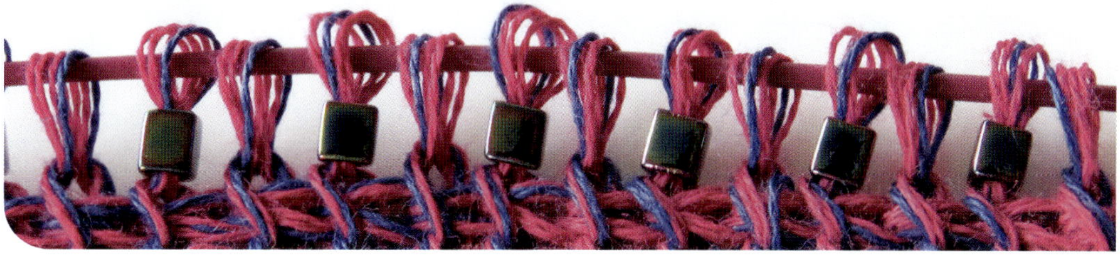

Aufgezogene Würfelperlen

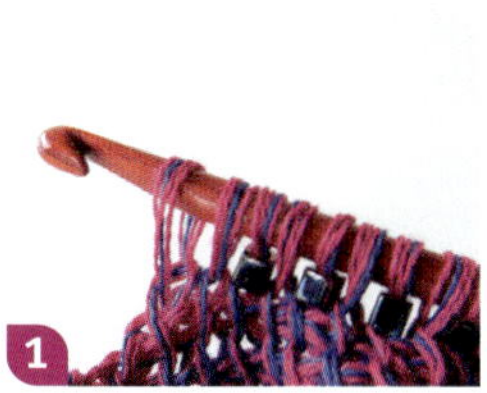

Die Masche im Grundstich arbeiten.

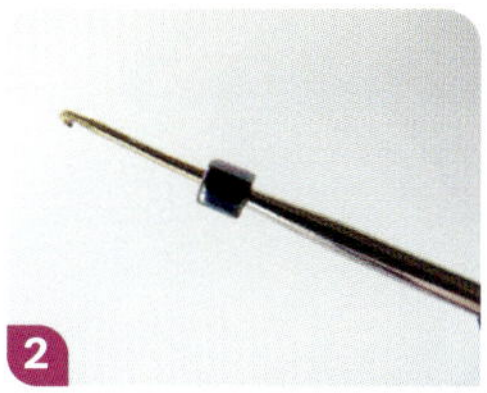

Die Perle auf die 1,0 mm dicke Nadel nehmen.

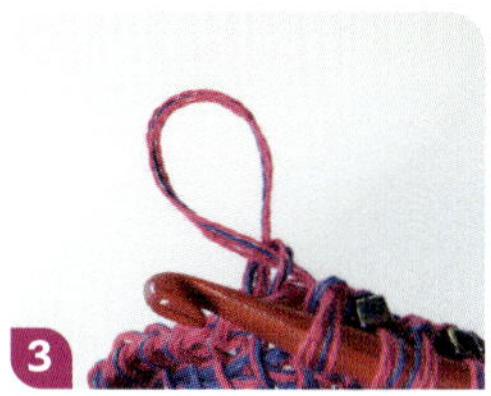

Die Schlinge von der Nadel nehmen …

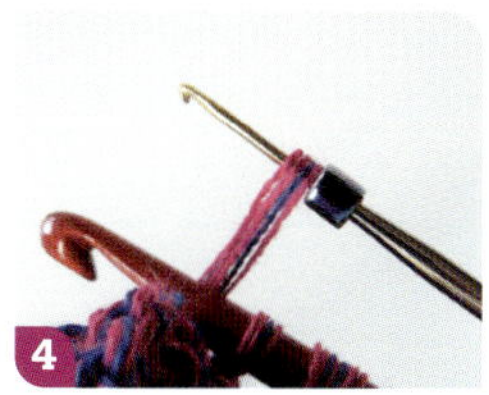

… und auf die 1,0 mm dicke Nadel nehmen.

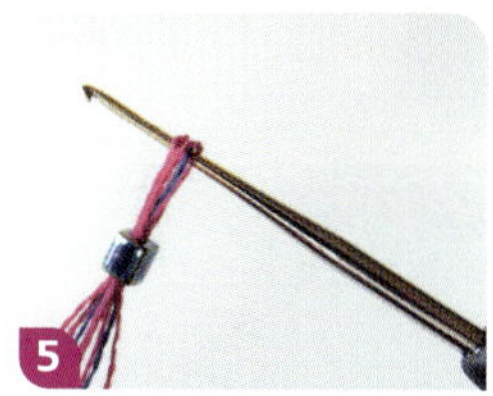

Die Schlinge durch die Perle ziehen.

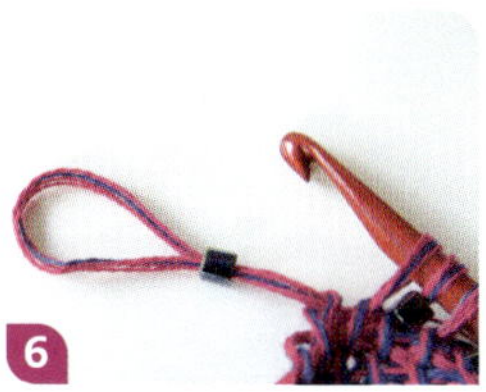

So sieht es dann aus.

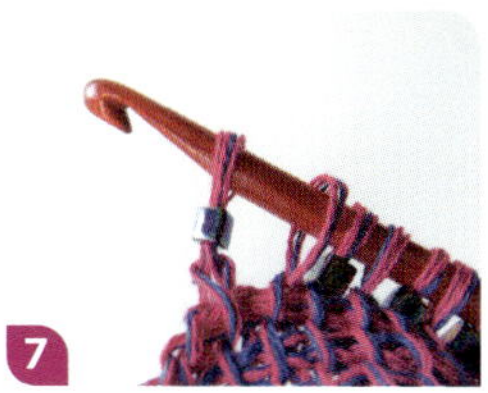

Die Schlinge mit der Perle wieder auf die Nadel nehmen.

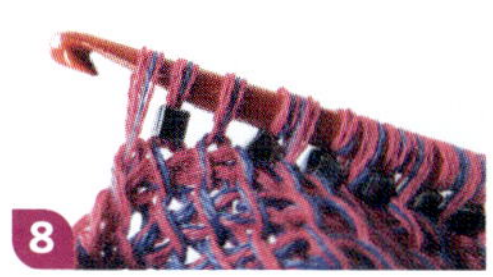

Die nächste Masche im Grundstich arbeiten.

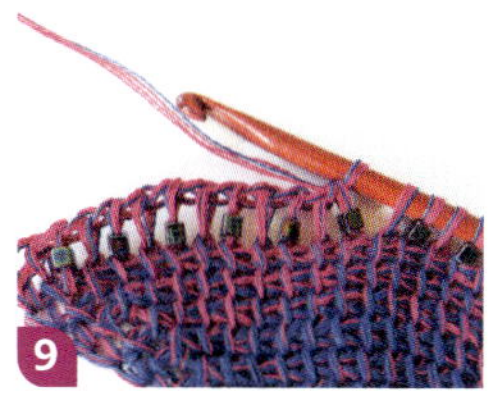

Die Maschen wie gewohnt abmaschen.

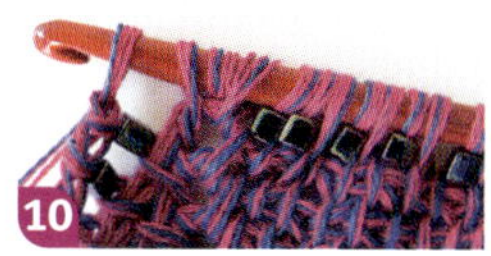

An der Spitze des Tuches auf die mittlere Masche eine Perle ziehen.

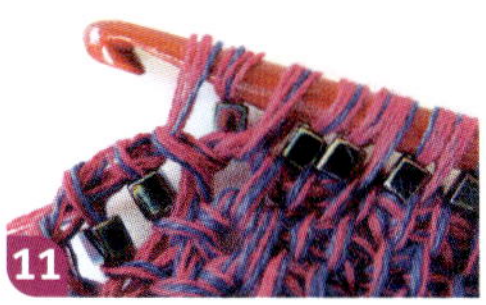

So sieht es dann aus.

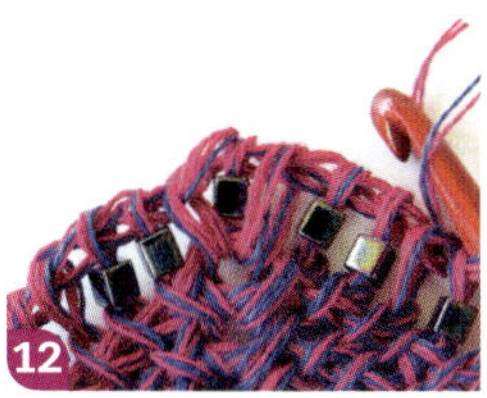

Weiter abmaschen.

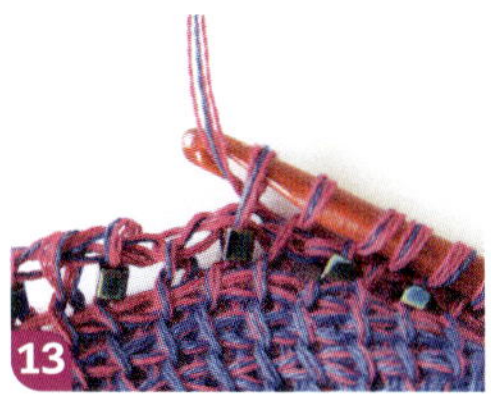

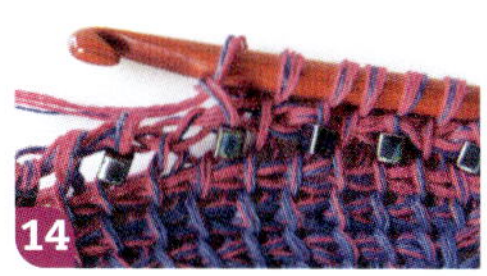

In der nächsten Hinreihe für den Grundstich über der Perle in die Masche einstechen und die Schlinge holen.

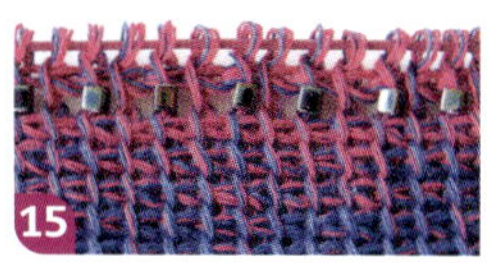

So sieht das Muster nach einer Reihe im Grundstich nach der Perlenreihe aus.

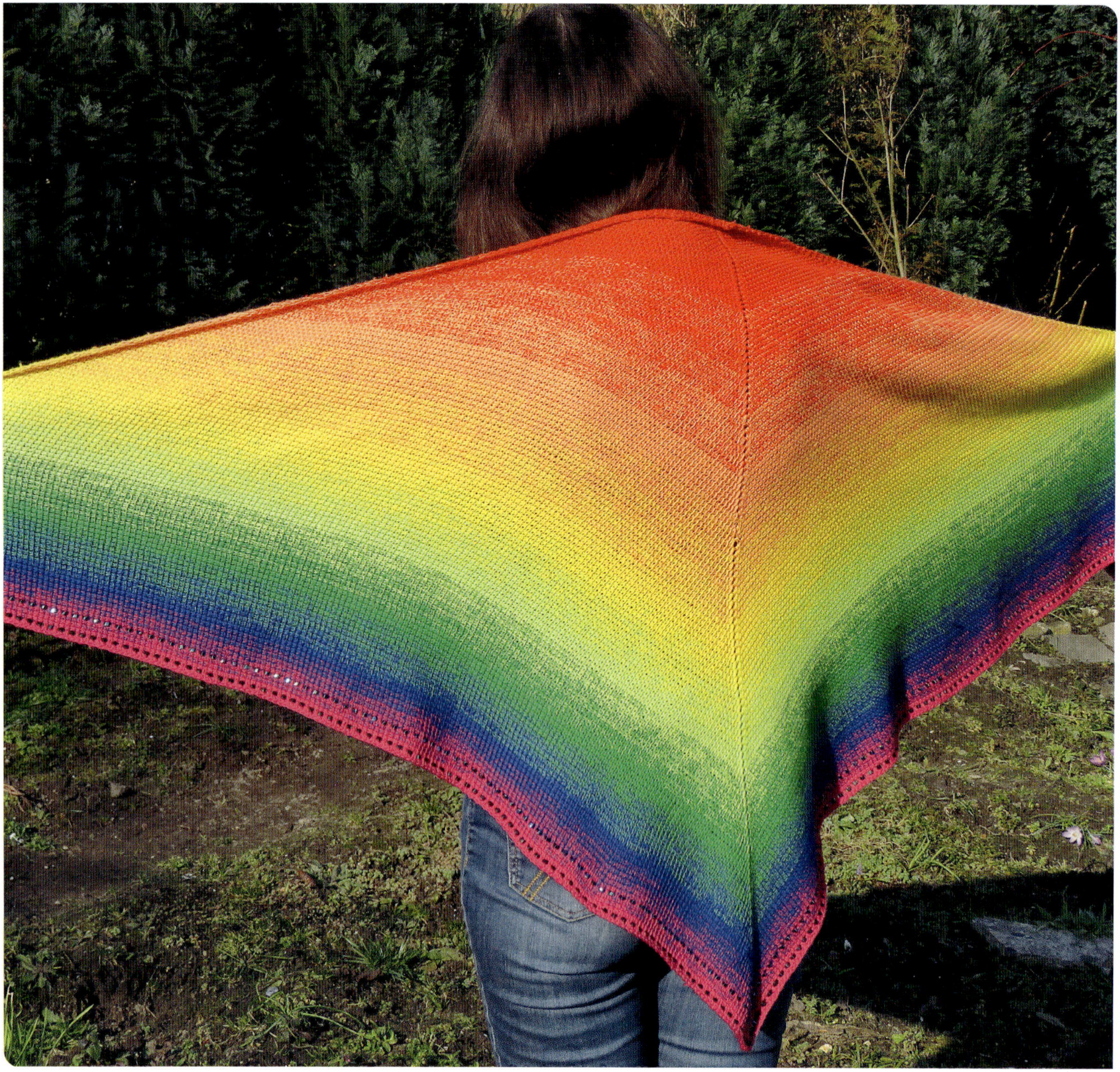

Großer Wollbeutel mit Farbmuster

Anforderungen: tunesisch in Runden arbeiten, verkürzte Reihen, Maschen auffassen, Tunesischer Grundstich, Tunesischer Strickstich, Tunesischer Reversestich, Farbwechsel in Runden, Kordel-Durchzüge arbeiten
Maße: Ein Keil mit 21 Maschen ist an der breitesten Stelle 15 cm lange. Dieser Wollbeutel hat einen Boden-Durchmesser von 30 cm und ist ca. 40 cm hoch.

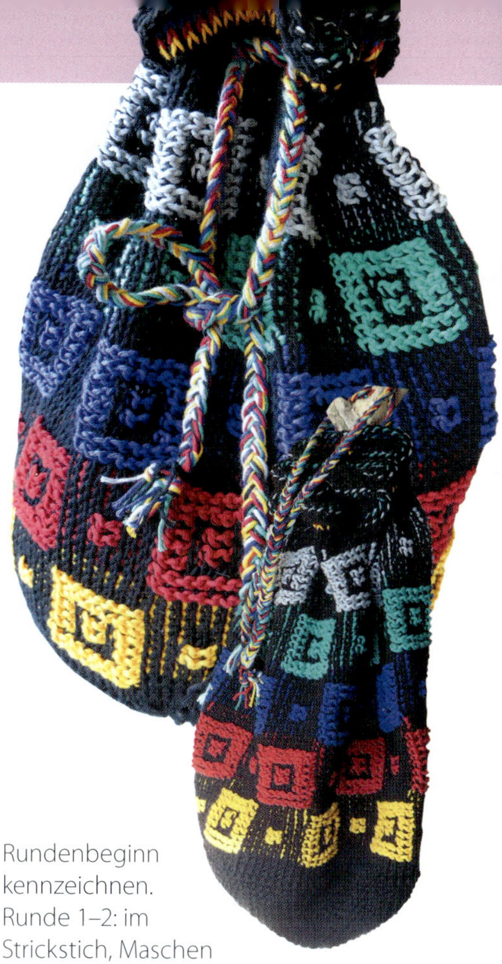

MATERIAL

WOLLE

- Lang Yarns Handarbeitsgarn, 12-fach, 100 % Baumwolle, Lauflänge: 84 m/50 g, in verschiedenen Farben: 250 g schwarz/ 50 g gelb/50 g dunkelrot/50 g grün/50 g royalblau/50 g grau

NADELN

- tunesische Häkelnadel Nr. 6 und tunesische Doppelnadel Nr. 7 mit gleicher Größe der Haken auf beiden Seiten
- Häkelnadel Nr. 6
- Maschenmarkierer
- Wollnähnadel zum Vernähen der Fäden

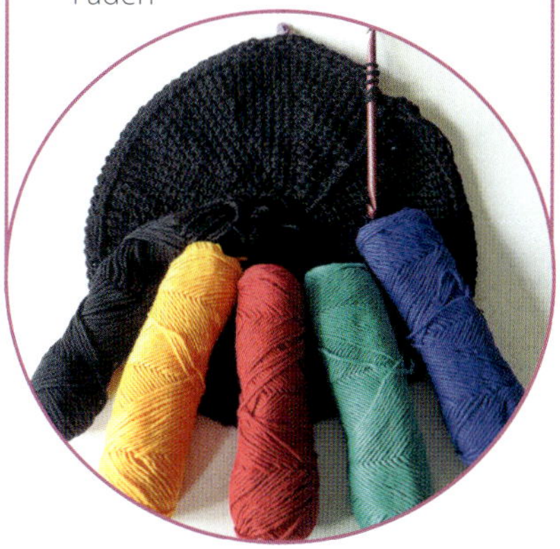

Anleitung

Der Boden wird mit verkürzten Reihen und Nadelstärke 6 gesträkelt. Für den Boden mit Schwarz 21 Luftmaschen anschlagen und die Grundreihe arbeiten. Die Rückreihen ohne zusätzliche Luftmasche arbeiten. Weiter mit den verkürzten Reihen bis zu 19/17/15/13/11/9/7/5 Maschen, diese 5 Maschen ebenfalls ohne zusätzliche Luftmasche für die Rückreihe abmaschen. In der nächsten Reihe wieder 21 Schlingen auf die Nadel holen. Der Boden besteht aus insgesamt 12 Keilen. Die Mittelnaht schließen und die Seiten von Keil 1 und Keil 12 zusammennähen.
Der Taschenkörper wird in Runden mit Nadelstärke 7 gesträkelt. Aus dem Rand des Bodens – welche Seite nach innen bzw. außen zeigt ist Geschmackssache – mit Schwarz 112 Maschen aufnehmen und die Maschen mit Schwarz abmaschen, Sobald man nicht mehr „um die Kurve" kommt. Zur Runde schließen. Mit einem Maschenmarkierer den Rundenbeginn kennzeichnen.
Runde 1–2: im Strickstich, Maschen mit Schwarz aufnehmen und abmaschen. Weiter mit dem Zählmuster häkeln. Im Zählmuster kennzeichnen die hellen Kästchen den Strickstich (Garnfarbe Schwarz), die farbigen Kästchen kennzeichnen den Reversestich in der jeweiligen Garnfarbe, diese Farbe kennzeichnet die Farbe des Abmaschfadens. Der Mustersatz wird in der Breite (Maschen 1–16) fortlaufend wiederholt, in der Höhe einmal die Reihen 1–50 arbeiten.

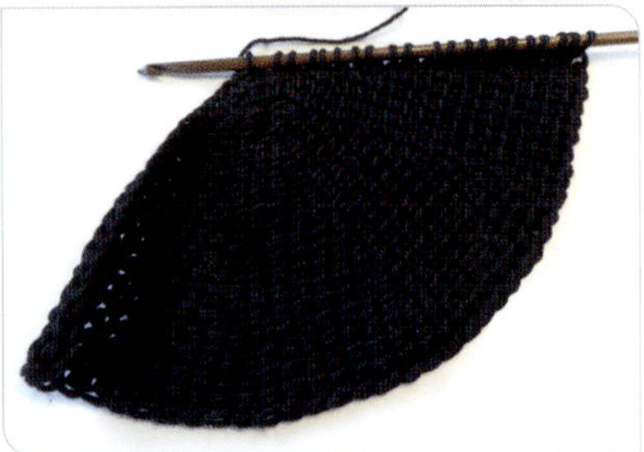

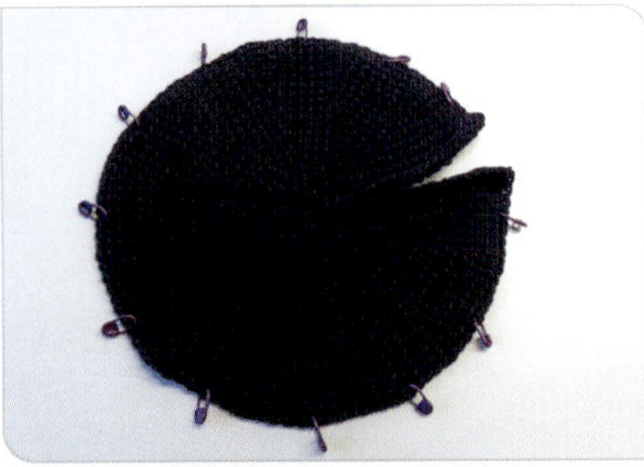

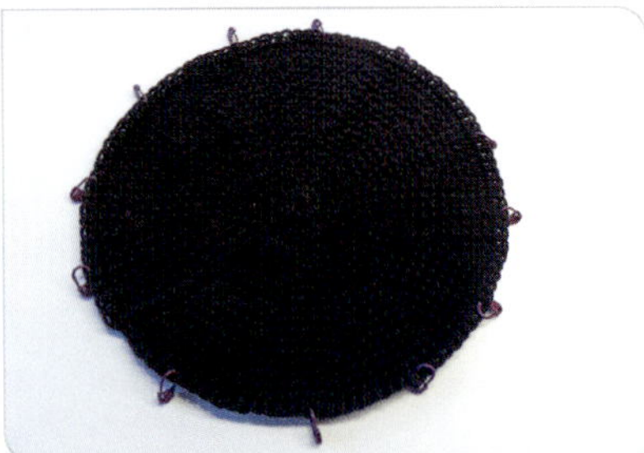

Der Reversestich kippt die Farbe des Abmaschfadens der Vorrunde nach vorne! Aus diesem Grund ist der Farbwechsel des Abmaschfadens immer eine Runde vor der Runde, in der die jeweiligen Farbkästchen zu sehen sind!
Beispiel: In Runde 3 sind gelbe Farbkästchen – also Reversestich – zu sehen, das heißt, der Farbwechsel des Abmaschfadens ist in Runde 2

TIPP
In den Runden 2/12/22/32 und 42 die Farbe des Abmaschfadens wechseln!!!

Nach Beendigung des Zählmusters 5 Runden im Strickstich arbeiten (beide Fäden in Schwarz).
Runde 6: Für die Öffnungen des Kordel-Durchzuges ab Rundenbeginn:
3 Maschen Strickstich, * 2 Maschen abketten, 6 Maschen Strickstich *, von * bis * wiederholen und mit 3 Maschen im Strickstich enden.
Die abgeketteten Maschen in der Abmaschrunde wieder mit Luftmaschen anschlagen. So haben Sie 14 Kordel-Öffnungen hergestellt.
Nun noch 7 Runden im Strickstich arbeiten, dabei in jeder Runde beim Aufnehmen der Schlingen die Farbe der Wolle ändern.

1. Runde: schwarz
2. Runde: gelb
3. Runde: rot
4. Runde: blau
5. Runde: grün
6. Runde: grau
7. Runde: schwarz

Der Abmaschfaden bleibt die ganze Zeit schwarz.
Nach den 7 Runden alle Maschen mit doppeltem Faden im Strickstich abketten.

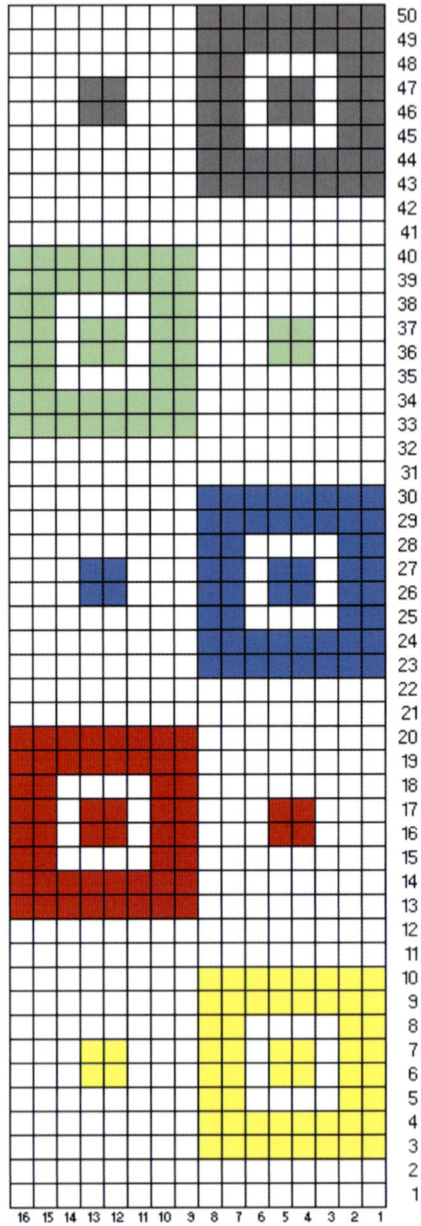

Fertigstellung

Alle Fäden vernähen.

Aus den Garnresten eine bunte Kordel flechten und durch die Öffnungen ziehen.

Wenn man eine stoffbezogene oder mit Filz beklebte Sperrholzplatte mit einem Durchmesser von 25 cm auf den Boden legt, hat der Wollbeutel einen festen Stand.

Alternativ zum Sperrholz kann auch eine Schabrackeneinlage (erhältlich im Kurzwaren- oder Stoffladen) passend zugeschnitten werden. In die Innenseiten könnten auch noch Steckdrähte eingefädelt werden, um auch dem Beutelkörper Halt zu geben, dann sollte aber noch ein Innenfutter eingenäht werden.

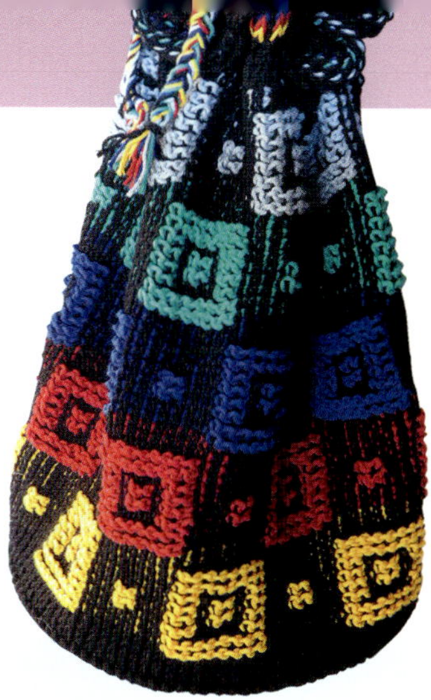

FARBWECHSEL IN DER ABMASCHRUNDE

Die entsprechende Masche, bei der der Farbwechsel sein soll, markieren. Schlingen abmaschen bis eine Masche vor der markierten Masche, die neue Farbe nehmen und die nächste Schlinge mit der neuen Farbe durch die Schlinge der „alten" Farbe und der nächsten abzumaschenden Schlinge abmaschen.

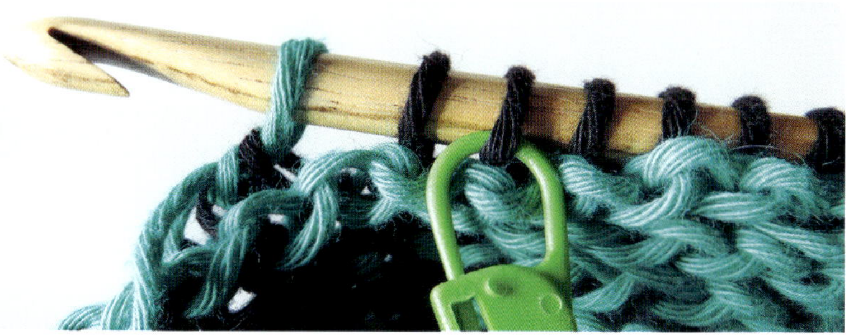

1

Der Abmaschfaden soll von Grün auf Grau gewechselt werden, eine Masche vor Beginn der neuen Runde.

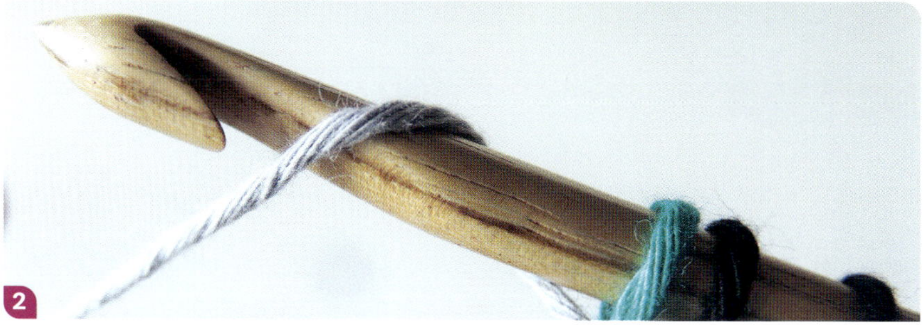

2

Den grauen Faden auf die Nadel nehmen.

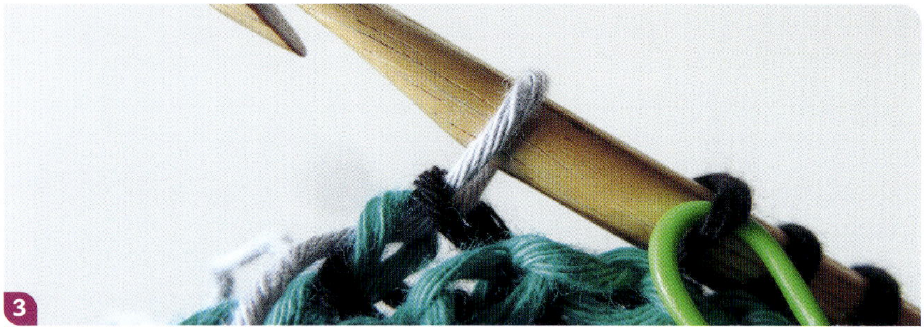

3

Den grauen Faden durch die grüne und schwarze Masche ziehen.

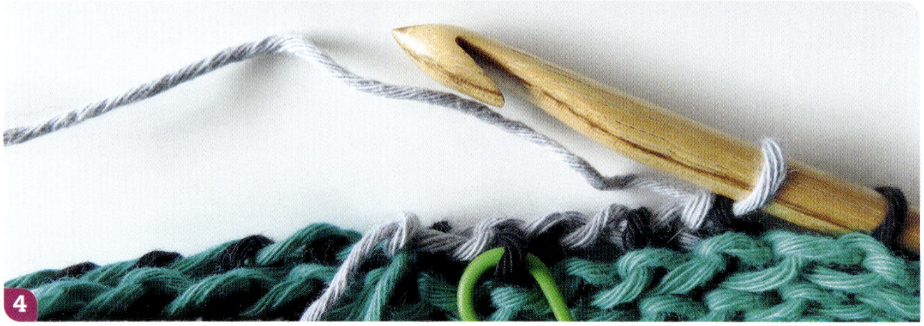

4

So sieht der Wechsel dann aus.

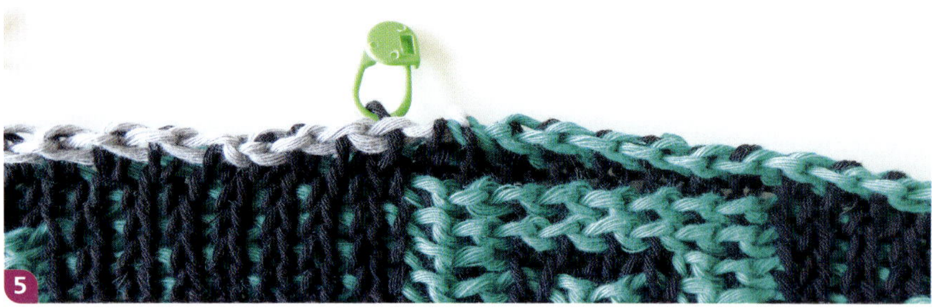

5

Auch von vorne ist sichtbar, dass der Abmaschfaden gewechselt wurde.

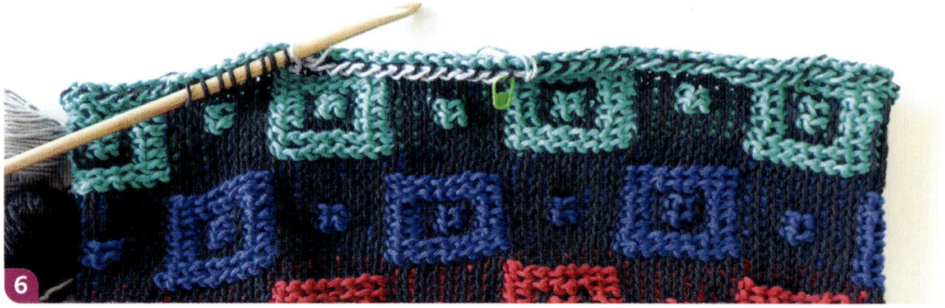

6

Farbwechsel in den Abmaschrunden

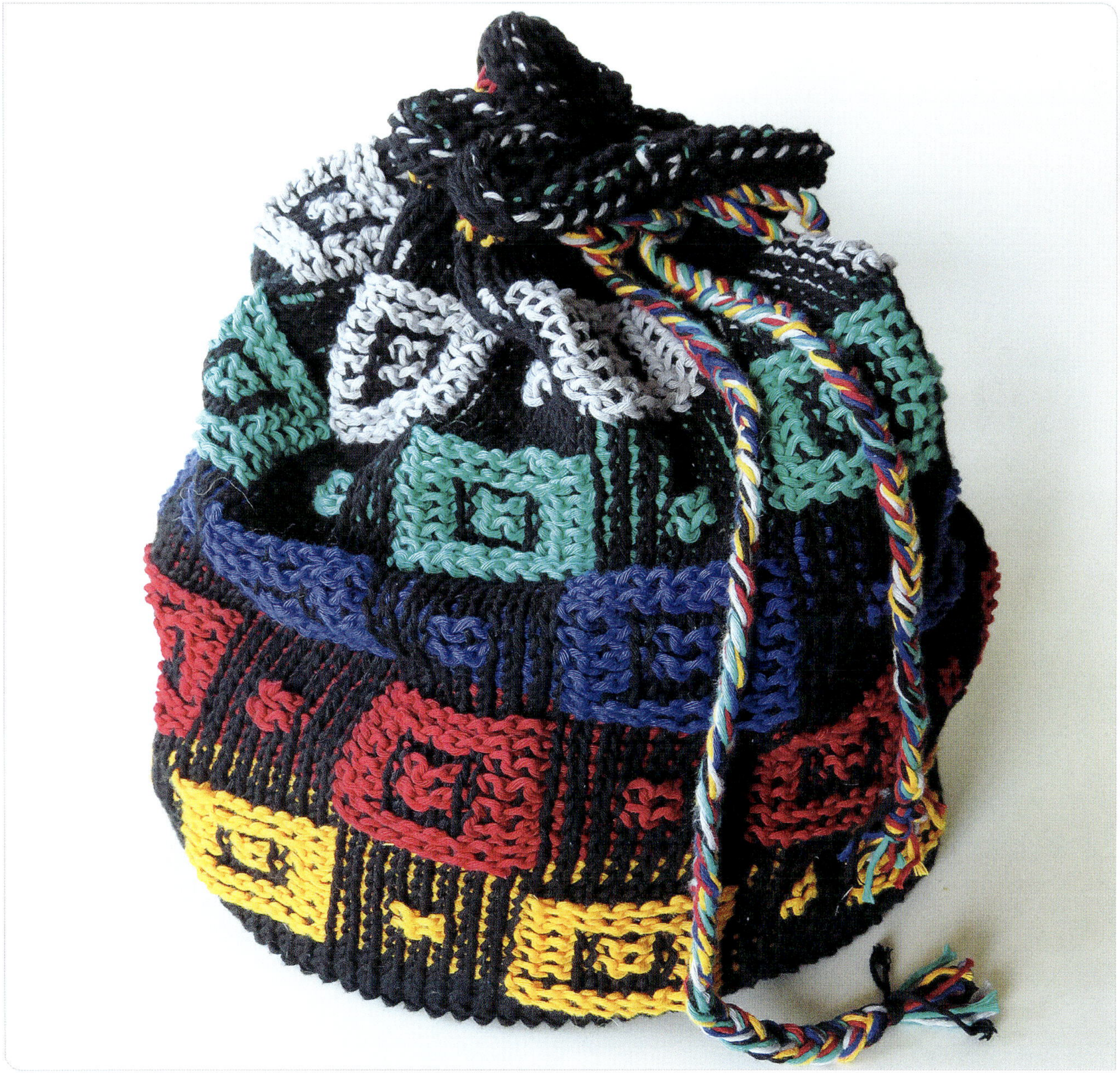

Seelenwärmer

für die Übergangszeit im einfachen Wendemuster

Anforderungen: Tunesisches Wendemuster im Grundstich
Maschenprobe: 12 Maschen x 10 Reihen im Wendemuster im Grundstich, leicht gedehnt = 10 x 10 cm.

MATERIAL

WOLLE

- Lana Grossa California, 80 % Baumwolle und 20 % Seide, Lauflänge: 100 m/50 g, 350 g Farbe 015 (Graugrün) und 350 g Farbe 311 (Graubraun/Mokka)

NADELN

- 2 Nadelspitzen mit Seil oder tunesische Doppelnadel Nr. 10 mit mindestens 40 cm, besser 60 cm langem Seil. Wichtig: beide Haken müssen die gleiche Größe haben.
- Häkelnadel Nr. 9
- Wollnähnadel zum Vernähen der Fäden

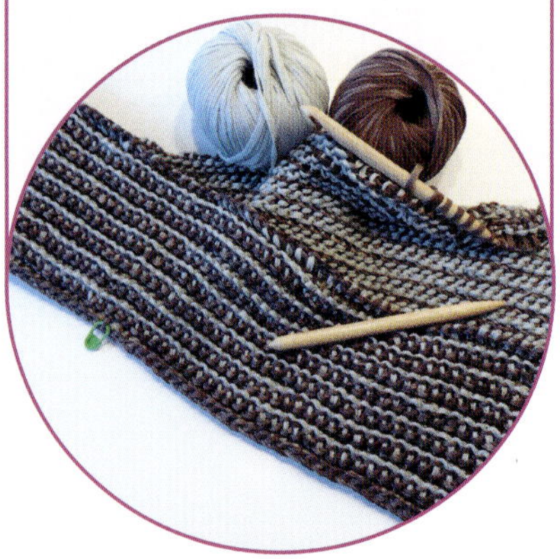

Je größer die Nadelstärke ist, desto luftiger wird die Arbeit. Dieser einfache Seelenwärmer ist ideal für die Übergangszeit. Der Seelenwärmer ist eine Einheitsgröße und kann durch das Wendemuster beidseitig getragen werden.

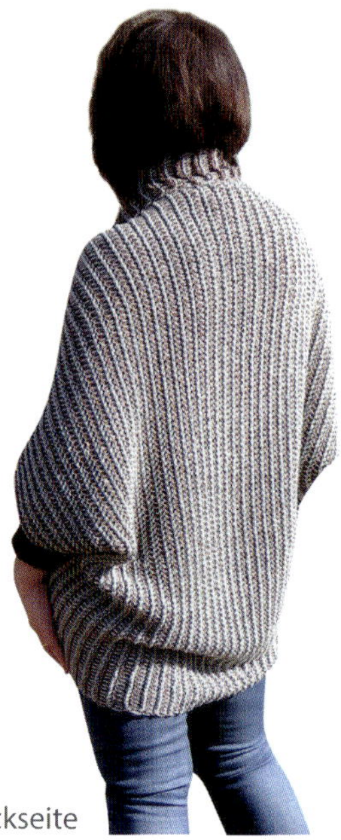

Rückseite

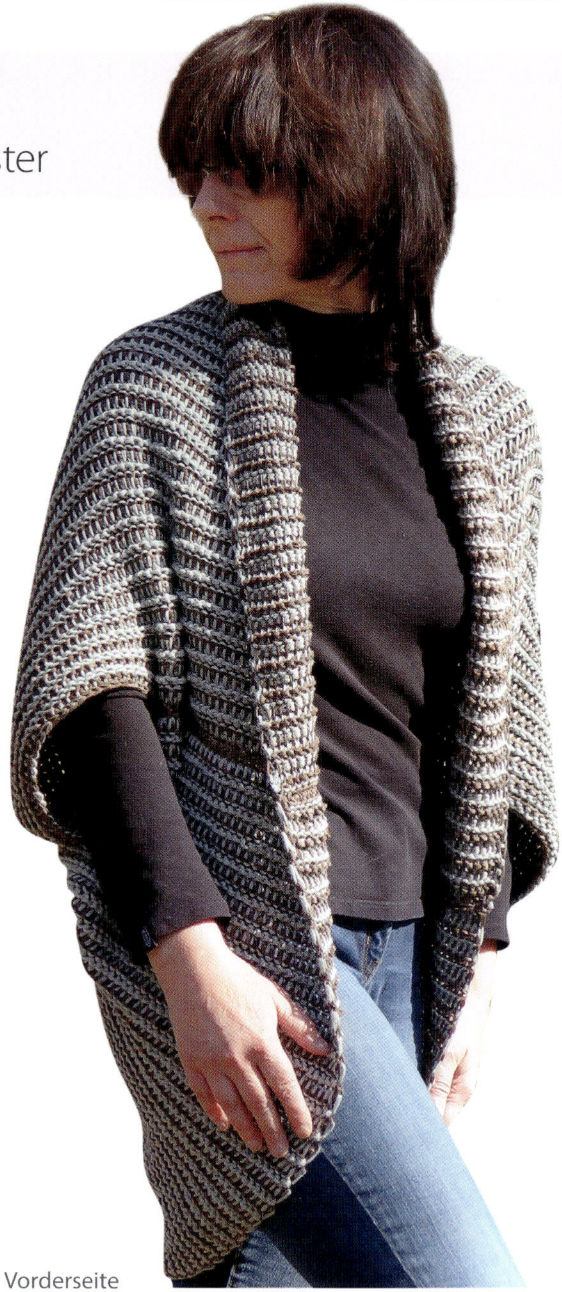

Vorderseite

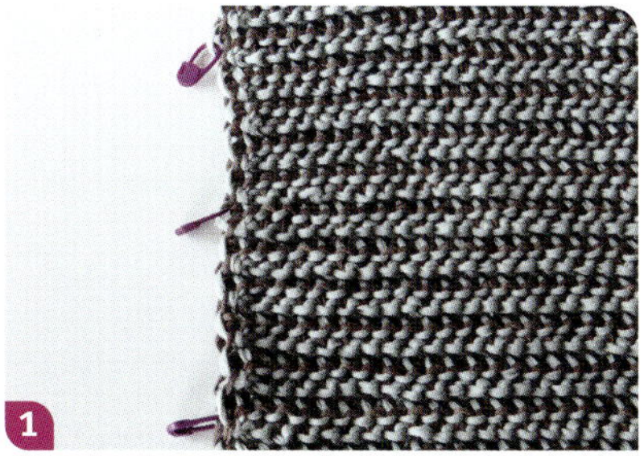

1 | *Maschenmarkierer jede 10. Reihe*

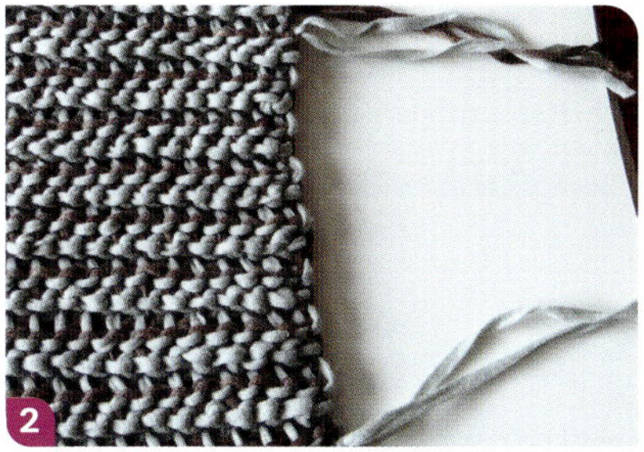

2 | *Neues Knäuel am Rand ansetzen.*

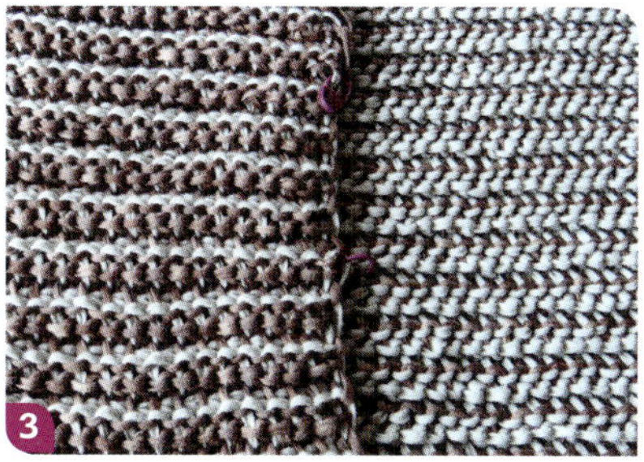

3 | *Ansicht beider Seiten, auf der einen Seite überwiegt dunkel, auf der anderen hell.*

Anleitung

Der Seelenwärmer wird quer im Grundstich als Wendemuster gearbeitet, man kann also immer wieder überprüfen, ob die Breite ausreicht oder ggf. mehr oder weniger Reihen, als angegeben, nötig sind. Gearbeitet wird ein Rechteck mit den Maßen 112 cm breit (Anschlag der Luftmaschenkette) und 100 cm hoch (100 Reihen). Die 112 cm, die angeschlagen werden, sind bei Fertigstellung des Seelenwärmers die Länge, da dieser auf die Hälfte gefaltet wird. Die 100 Reihen sind die Breite des Seelenwärmers.
134 Luftmaschen mit Farbe Graubraun/Mokka anschlagen und die Grundreihe arbeiten.
100 Reihen im Wendemuster im einfachen Grundstich arbeiten, in der letzten Reihe alle Maschen mit Farbe Graubraun/Mokka abketten.

TIPP

Zur Erinnerung: Gewendet wird immer dann, wenn alle Schlingen auf der Nadel sind. Dafür die Maschen auf die andere Seite der Nadel schieben und mit der Kontrastfarbe abmaschen. Die Schlingen wieder aufnehmen und dann wenden.

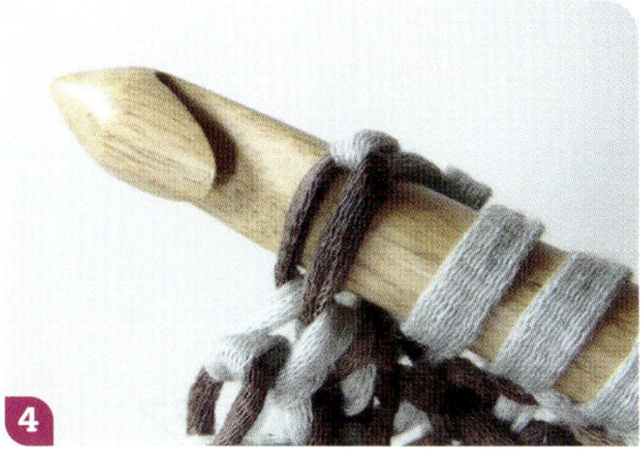

4

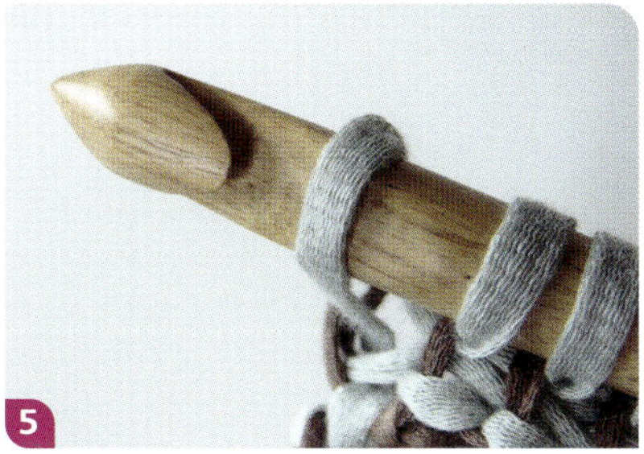

5

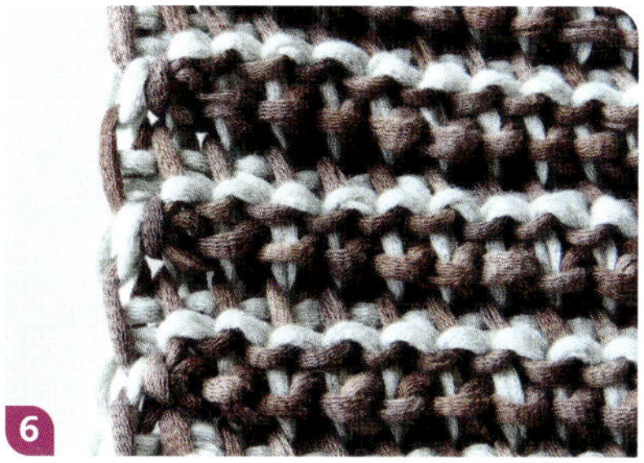

6

| *Um einen gleichmäßigen Rand zu bekommen, für die letzte Masche bitte so einstechen und die Schlinge holen.*

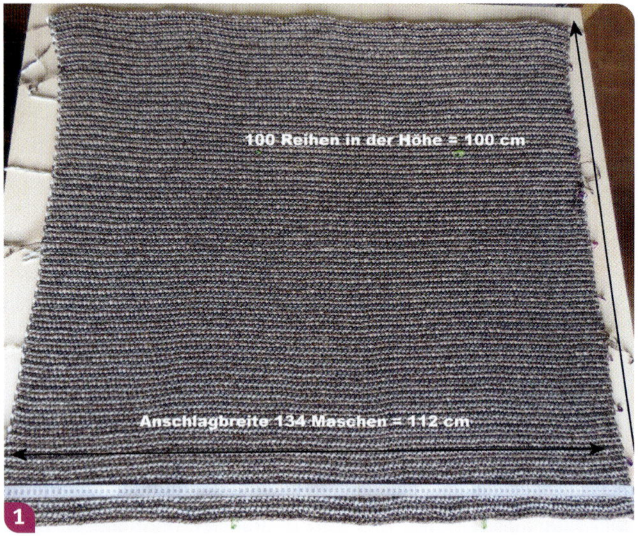

1

Fertigstellung

Die 112 cm, die angeschlagen wurden, werden zur Hälfte auf 56 cm gefaltet. Von der Faltkante aus 18–20 cm auf beiden Seiten für die Arme offen lassen, den Rest auf beiden Seiten nach unten hin zusammennähen.
Die Armausschnitte und Ränder können noch mit einer Runde fester Maschen umhäkelt werden.
Bei diesem Modell sind sie nicht umhäkelt, damit alles ganz elastisch bleibt. Zuletzt alle Fäden vernähen.

TIPPs

Das **Zählen der Reihen** ist einfacher, wenn man sich jede 10. Reihe einen Maschenmarkierer setzt. Den **Beginn eines neuen Knäuels** am besten an den Anfang einer neuen Reihe legen.

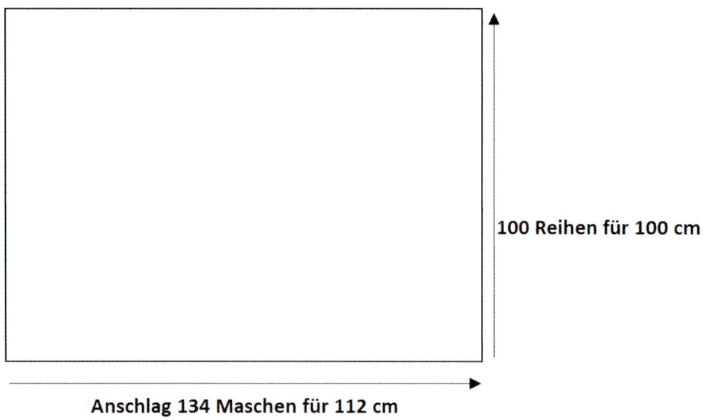

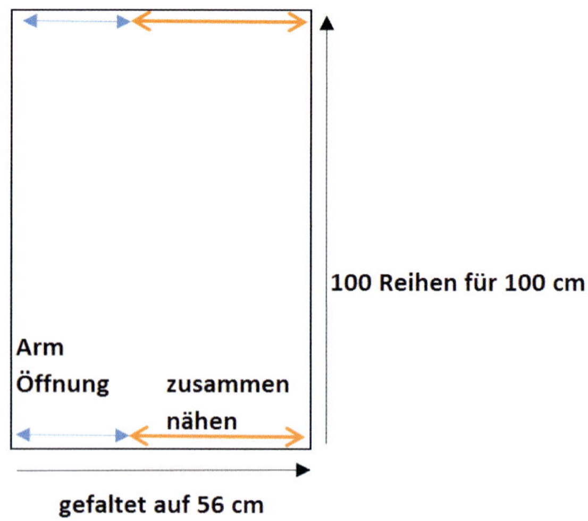

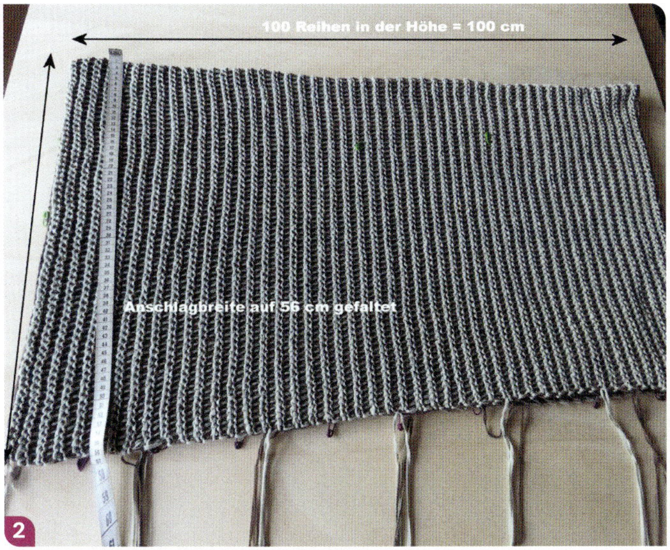

Die Breite von 112 cm auf 56 cm gefaltet

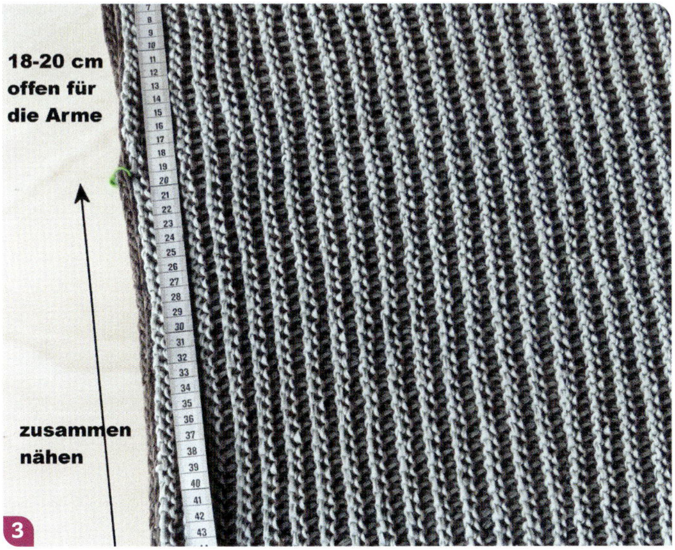

18 – 20 cm für die Arme offen lassen, die restliche Seitennaht schließen.

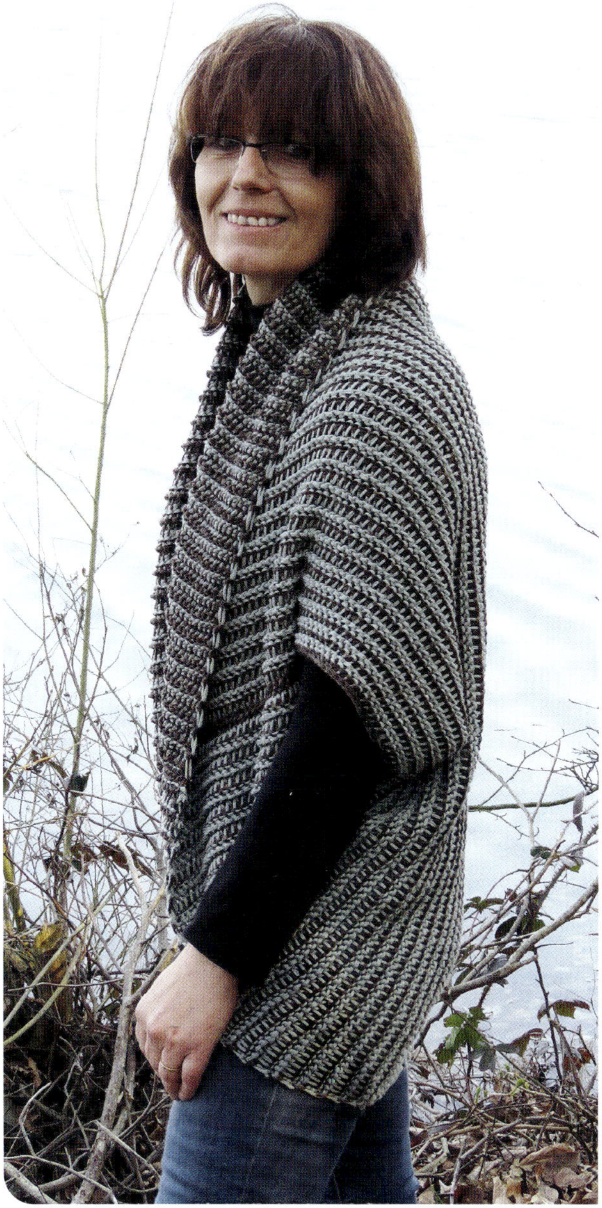

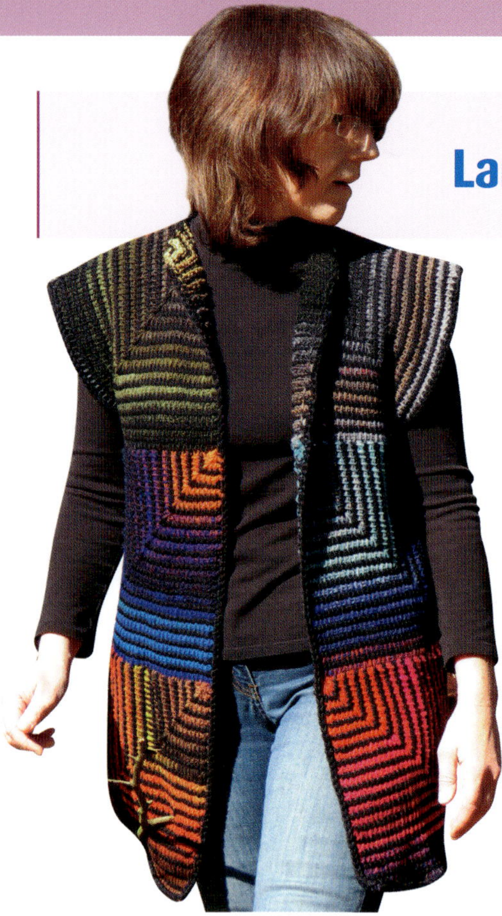

Lange Weste aus Patches

Anforderungen: tunesisch in Reihen arbeiten, Tunesischer Grundstich, Farbwechsel in der Hinreihe, Technik der Patches, doppelte Abnahmen, Maschen auffassen
Maschenprobe: Ein Patch mit 71 Maschen hat eine Größe von 27 x 27 cm (leicht gedehnt) und wiegt 43 g (22g Noro und 21 g Socks).

Diese Patches-Weste hat nur Schulternähte, der Rest ist ohne Nähte in einem Stück gearbeitet. Die Weste ist für Größe M (40/42) gearbeitet, die Größe lässt sich aber sehr leicht anpassen, indem die Patches mit mehr bzw. weniger Maschen gearbeitet werden. Wichtig ist, dass es immer eine ungerade Maschenanzahl sein muss!
Die Weste eignet sich sehr gut, um Restknäuel Wolle zu verarbeiten.

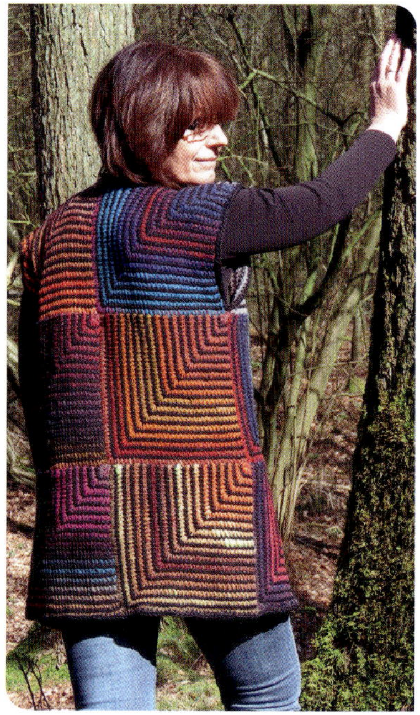

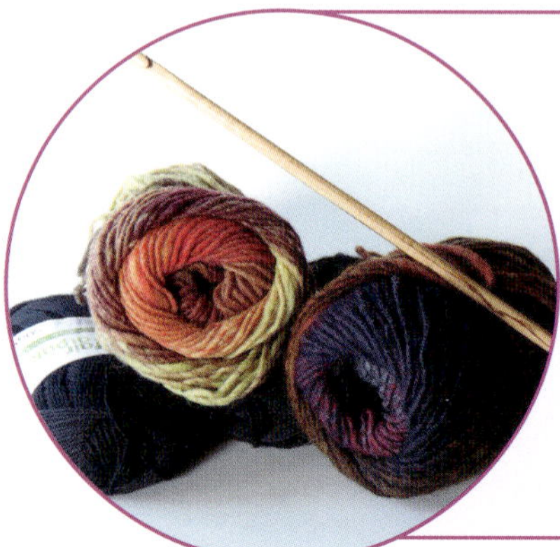

MATERIAL

WOLLE

- Noro Kureyon in verschiedenen Farben, gesamt ca. 300 g, pro Patch ca. 22 g – also gut, um die Restekiste zu plündern
- 300 g Fair Alpaka Socks in Schwarz, dieses Garn wird doppelt genommen!
- Die Noro Wolle ist sehr ungleichmäßig mit teilweise sehr dünnem Faden und auch sehr dickem Faden. Das ist kein Problem, die Fair Alpaka Socks gleicht diese Unregelmäßigkeiten aus.

NADELN

- tunesische Häkelnadel Nr. 7, für die Patches reicht eine 30 cm lange Nadel, alternativ eine Nadelspitze mit Seil.
- Häkelnadel Nr. 6,5
- Maschenmarkierer
- Wollnähnadel zum Schließen der Schulternähte und Vernähen der Fäden.

Skizze

Die Nummerierungen der Patches zeigen die Reihenfolge, in der die Patches gearbeitet werden. Der Pfeil in den Patches zeigt die Richtung der mittleren Abnahmelinie an und die roten, gestrichelten Linien stellen die Armausschnitte dar.

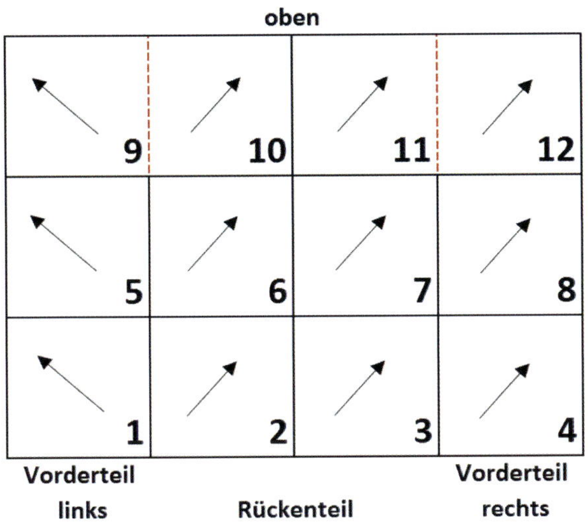

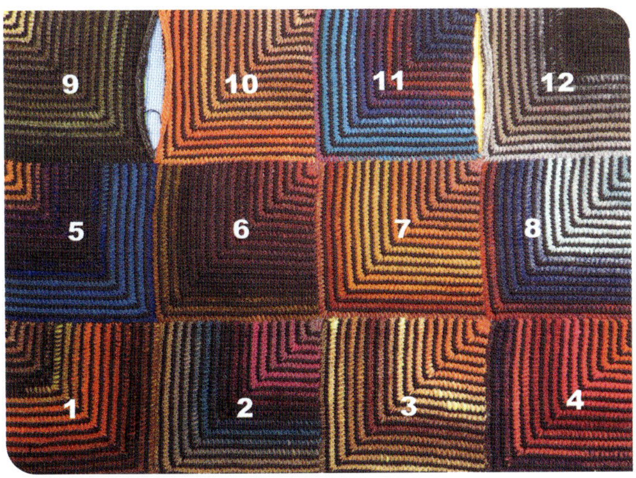

Anleitung

71 Luftmaschen mit Noro Kureyon anschlagen. Die Grundreihe arbeiten, einen Maschenmarkierer in die 36. Masche setzen und in der Abmaschreihe die Schlingen vor und hinter der markierten Masche mit dieser zusammen abmaschen (der Faden wird also insgesamt durch 4 Schlingen gezogen): Sie haben 2 Maschen abgenommen. In der nächsten Hinreihe die Nadel wie für den Grundstich durch die 3 zusammenabgemaschten vertikalen Schlingen stechen und eine Masche im Grundstich arbeiten. Die mittleren Abnahmen werden in jeder Hinreihe gearbeitet, bis nur noch 3 Schlingen auf der Nadel sind, diese dann zusammen abmaschen.
Die nächste Hin- und Rückreihe mit der doppelt genommenen Socks sträkeln. Für den Farbwechsel daran denken, schon die letzten 2 Schlingen der vorherigen Rückreihe mit der neuen Farbe zu arbeiten und die Fäden zu verkreuzen. In dieser Farbeinteilung weiter sträkeln, bis das Patch fertig ist. Die letzten 3 Reihen nur noch mit der Noro Wolle arbeiten.

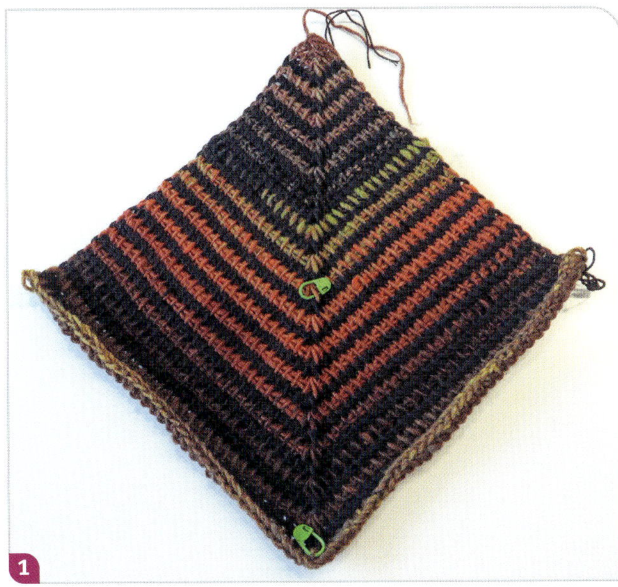
1

Das zweite Patch wird direkt an das erste gearbeitet. An der Mittelmasche der Anschlagsreihe des ersten Patches zuerst 35 Luftmaschen anschlagen und die Schlingen auf die Nadel holen, 1 Schlinge aus der Mittelmasche und 35 Schlingen aus der Seite des ersten Patches holen und dann wie das erste Patch arbeiten. Wie in der Skizze zu sehen, hat sich die Richtung der Abnahmelinie geändert.

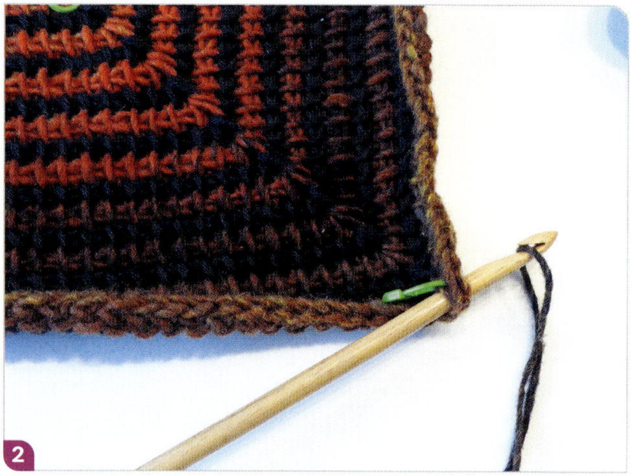
2

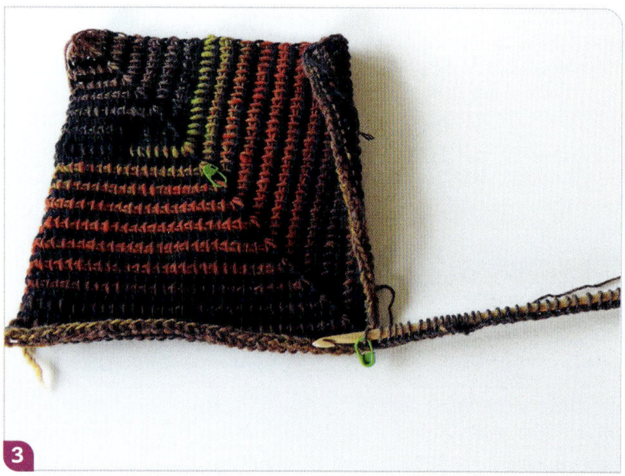
3

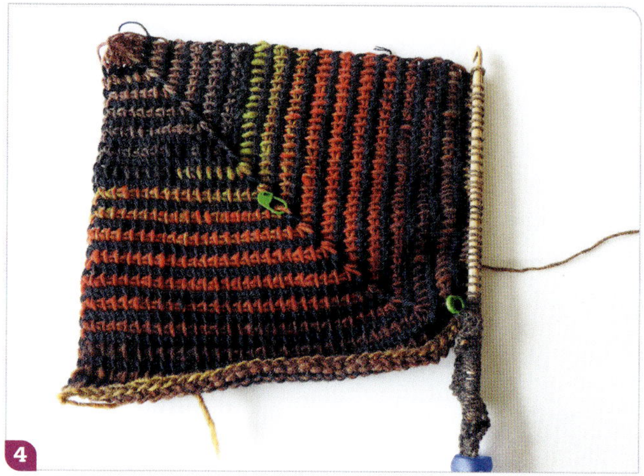
4

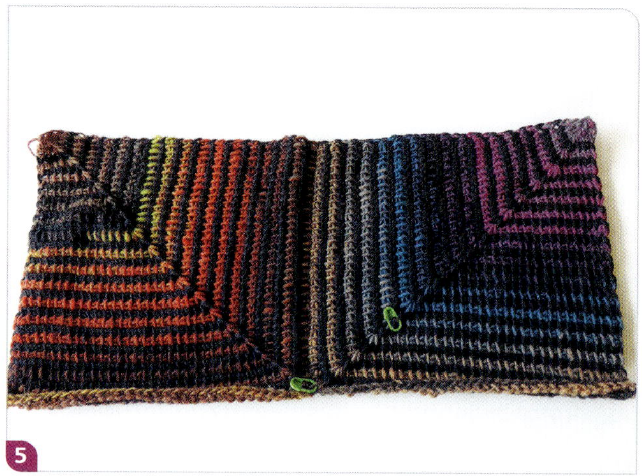
5

Patch 3 und 4: An der rechten unteren Ecke des vorherigen Patches 35 Luftmaschen anschlagen und die Schlingen auf die Nadel holen, 1 Schlinge aus der Ecke und 35 Schlingen aus der Seite des vorherigen Patches.

Patch 5: Eine Luftmaschenkette mit 35 Luftmaschen anschlagen und die Schlingen aufnehmen, eine Schlinge aus der rechten, oberen Ecke von Patch 1 holen und markieren, 35 Schlingen aus der oberen Seite von Patch 1 aufnehmen und das Patch, wie gehabt, arbeiten

Patch 6, 7 und 8: 35 Schlingen aus der oberen Kante des darunterliegenden Patches aufnehmen, 1 Schlinge aus der Ecke (Mittelmasche) und 35 Schlingen aus der Seite des vorherigen Patches.
Patch 9 entsprechend wie Patch 5.

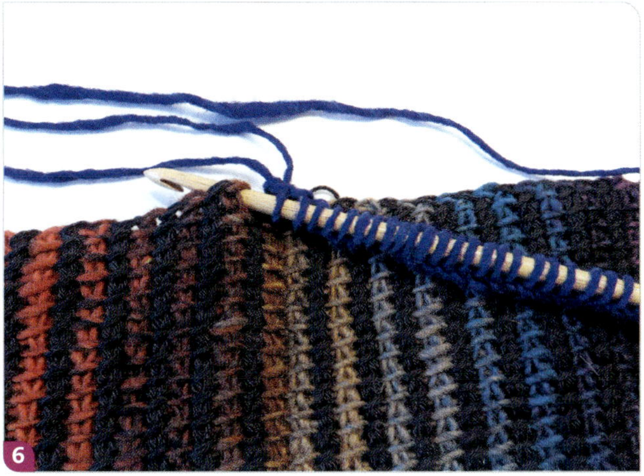

6

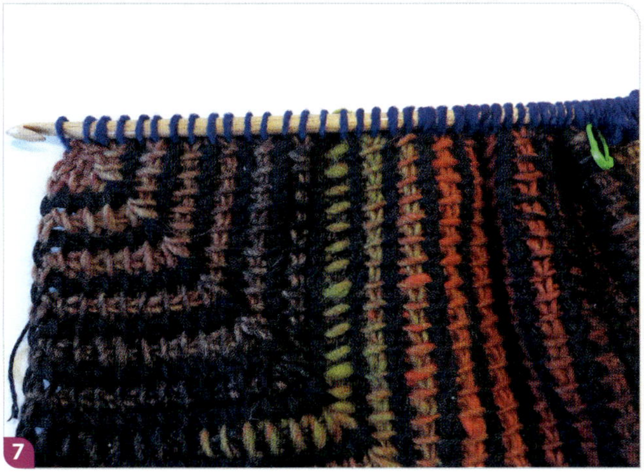

7

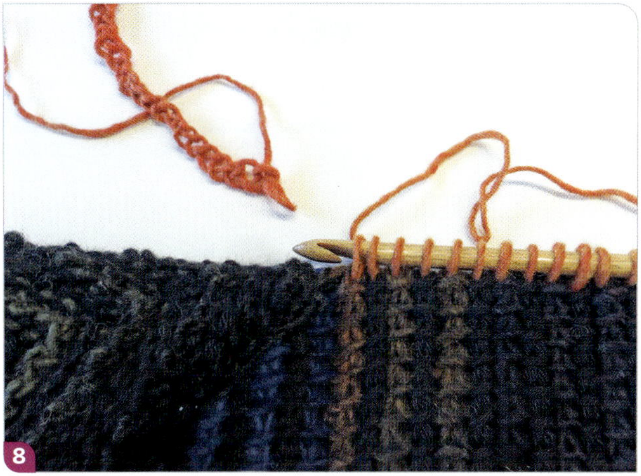

8

Schlingen aus dem oberen Rand aufnehmen.

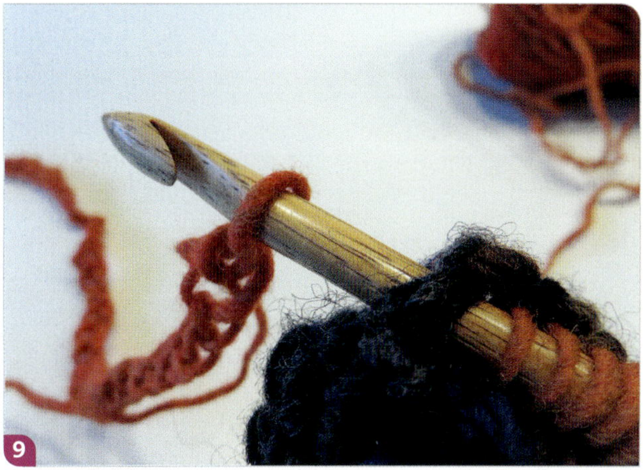

9

Die Luftmaschenkette auf die Nadel nehmen.

Patch 10, der Armausschnitt: Eine Luftmaschenkette mit 36 Luftmaschen anschlagen und beiseitelegen. 35 Schlingen aus dem oberen Rand von Patch 6 aufnehmen, die letzte Schlinge der Luftmaschenkette durch die Ecke ziehen und auf die Nadel nehmen, markieren, aus den verbleibenden 35 Luftmaschen Schlingen auf die Nadel holen und das Patch wie gehabt arbeiten

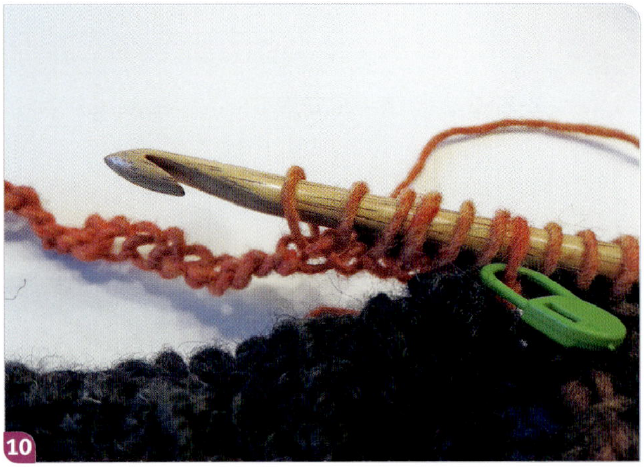

Schlingen aus der Luftmaschenkette aufnehmen.

Patch 11 wie Patch 6 arbeiten.
Patch 12, zweiter Armausschnitt: wie Patch 10 arbeiten.

Fertigstellung

Die Weste auf Maß spannen, befeuchten und trocknen lassen. Die Patch-Reihen der Vorderteile nach vorne klappen und die Schulternähte schießen, dabei die jeweiligen Patches nicht ganz zusammennähen, sondern die letzten 10 cm (siehe Bild) als Halsausschnitt offenlassen.
Die Armausschnitte, den unteren Rand, die Ränder der Vorderteile und den Halsausschnitt mit 1–2 Runden oder Reihen fester Maschen mit der Häkelnadel Nr. 6,5 umhäkeln. Dazu die doppelte Fair Alpaka nochmal doppelt nehmen – also insgesamt 4-fädig verarbeiten.
Alle Fäden vernähen.

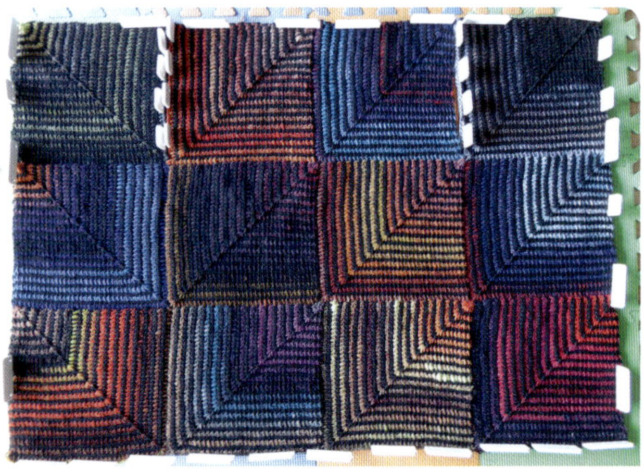

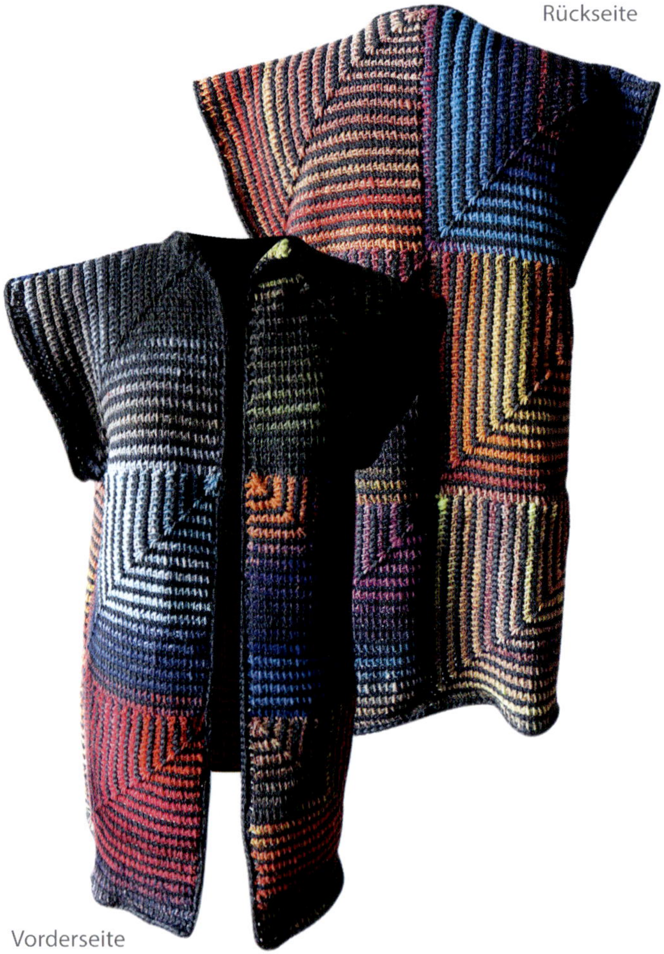

Rückseite

Vorderseite

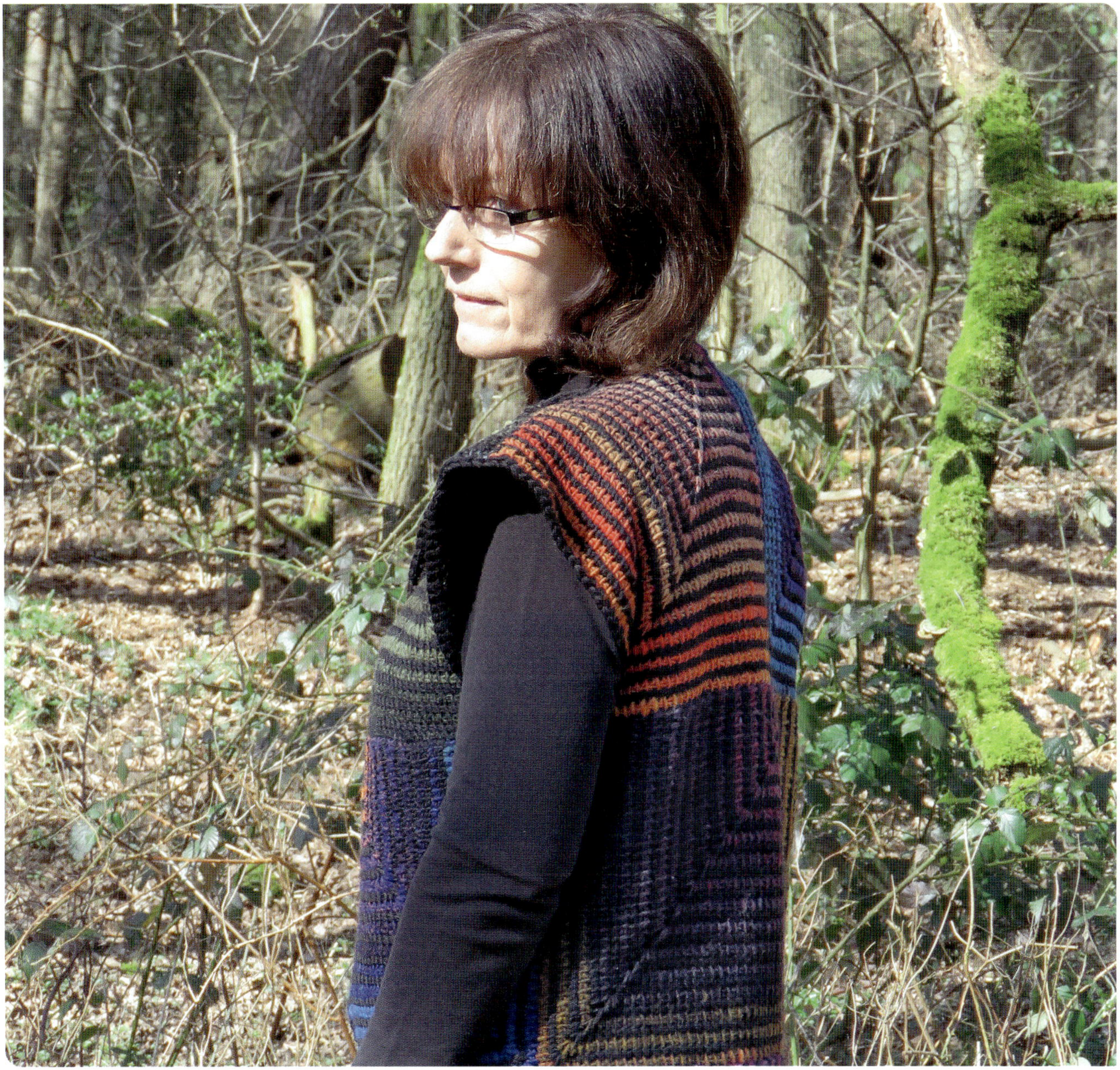

Hier passt alles zusammen

Loop, Mütze, Stirnband, Hauspuschen – da hat der Winter keine Chance!

Alle Werkstücke werden in Runden nach dem jeweiligen Zählmuster gearbeitet. Da die tunesischen Runden Spiralrunden sind, sieht man einen Rundenübergang beim Muster. In den Zählmustern kennzeichnen die hellen Kästchen immer den Strickstich, die farbigen Kästchen kennzeichnen den Reversestich in der jeweiligen Garnfarbe, diese Farbe ist die Farbe des Abmaschfadens. Der Mustersatz wird in der Breite (Maschen 1–4) fortlaufend wiederholt, in der Höhe einmal die angegebenen Runden arbeiten.

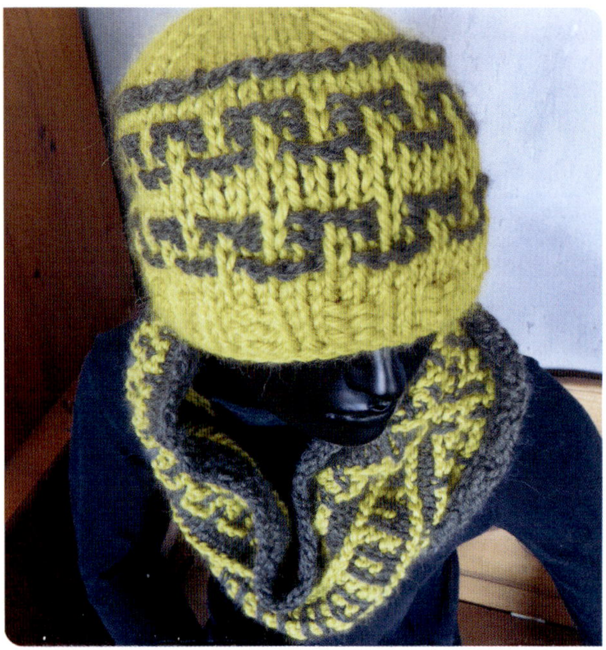

Gesamtverbrauch

Fair Alpaka Bulky für Loop, Mütze und Stirnband: 250 g Dunkelgrau und 200 g Honigmelone
Fair Alpaka Socks für die Hauspuschen: 150 g Dunkelgrau und 100 g Honigmelone

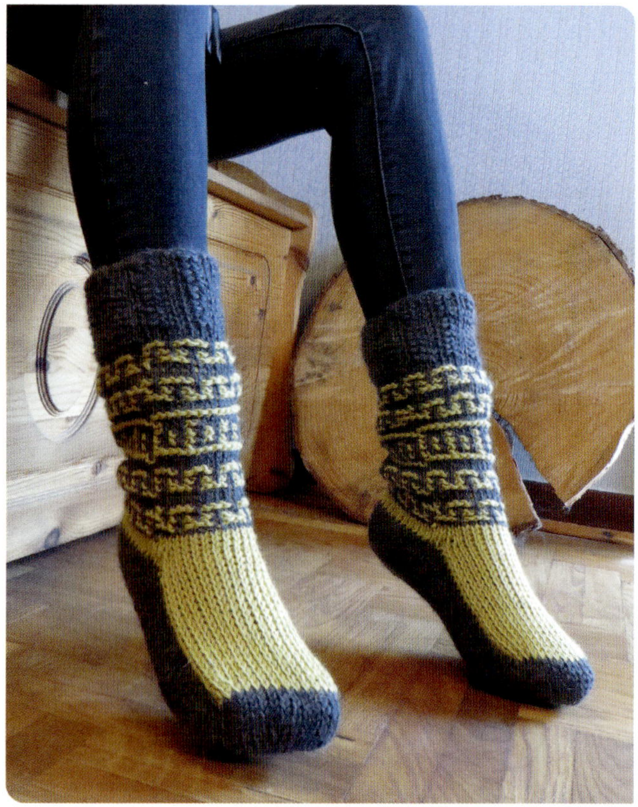

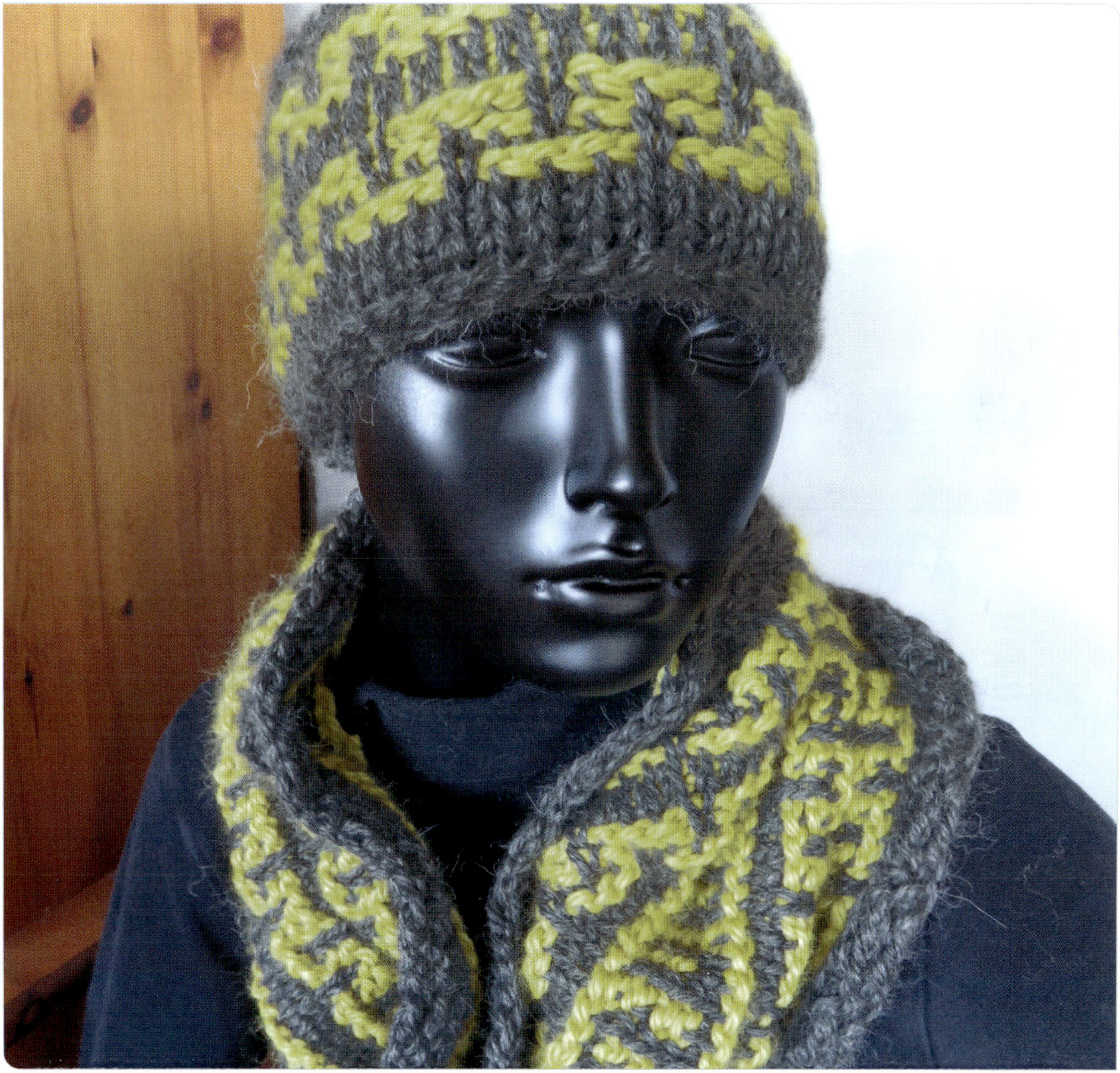

Kuscheliger Loop

aus Fair Alpaka Bulky

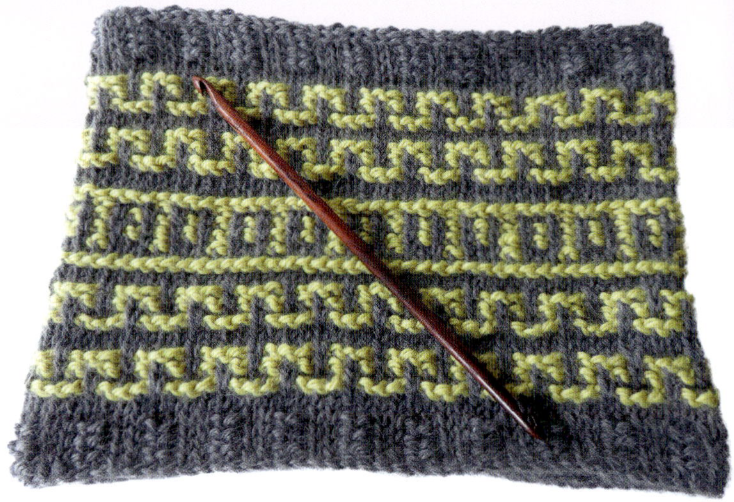

Anforderungen: tunesisch in Runden arbeiten, Tunesischer Strickstich, Tunesischer Reversestich, Farbwechsel in Runden, Lesen von Zählmustern

Maße: Der Loop ist 42 cm breit und 30 cm hoch.

MATERIAL

WOLLE

- Fair Alpaka Bulky, 100 % Baby-Alpaka, Lauflänge: 50 m/50 g, 170 g Dunkelgrau (NFA12) und 100 g Honigmelone (CF123)

NADELN

- Tunesische Doppelnadel Nr. 9, beide Haken mit gleicher Größe
- Maschenmarkierer
- 1 Wollnadel zum Vernähen der Fäden

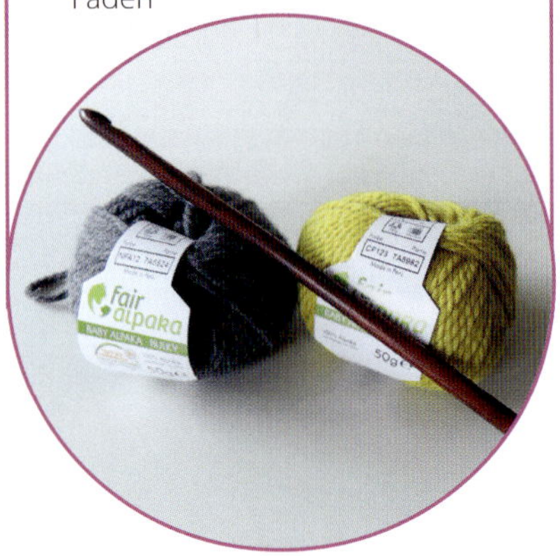

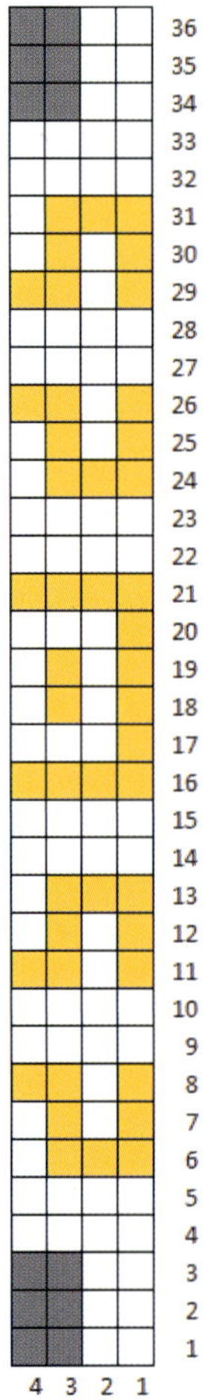

Anleitung

88 Luftmaschen mit Dunkelgrau anschlagen und zur Runde schließen, dabei darauf achten, die Luftmaschenkette nicht zu verdrehen. Den Rundenbeginn markieren und die Schlingen aufnehmen. Es wird nach dem Zählmuster gearbeitet. Die Maschen 1–4 fortlaufend wiederholen, die Runden 1–36 einmal arbeiten. Runde 1–4 wird mit Dunkelgrau abgemascht, Runde 5–32 wird mit Honigmelone abgemascht und Runde 33–36 wieder mit Dunkelgrau abmaschen.

Nach Runde 36 alle Maschen im Muster abketten.

Der Loop kann leicht in der Breite angepasst werden, die Maschenanzahl muss nur durch 4 teilbar sein.

Fertigstellung

Alle Fäden vernähen.

Mütze

für einen Kopfumfang von ca. 56–57 cm

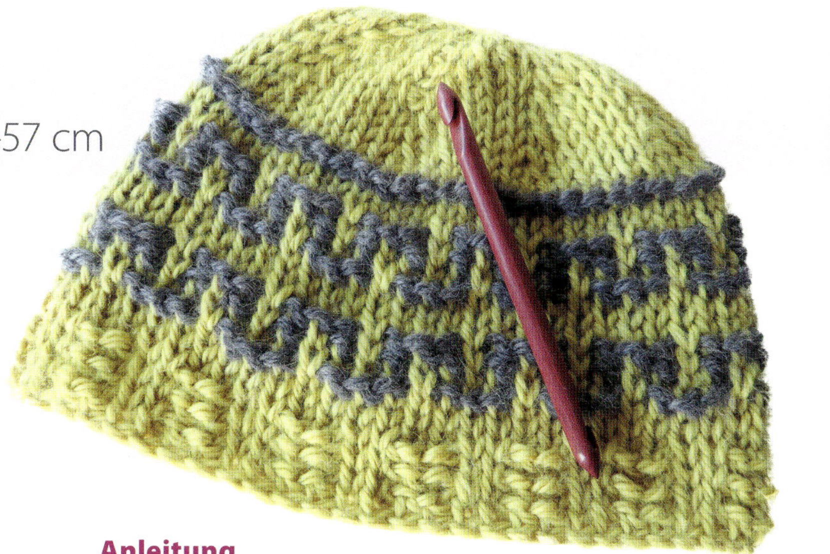

Anforderungen: tunesisch in Runden arbeiten, Tunesischer Strickstich, Tunesischer Reversestich, Farbwechsel in Runden, Abnahmen im Strickstich, Lesen von Zählmustern
Maße: Die Mütze ist insgesamt 21 cm hoch.

Die warme Mütze passt zum Loop, ein Teil des Musters wiederholt sich in der Mütze, allerdings sind bei der Mütze die Farben vertauscht. Die Größenangabe bezieht sich auf einen eher „lockeren" Sitz der Mütze.

MATERIAL

WOLLE

- Fair Alpaka Bulky, 100 % Baby-Alpaka, Lauflänge 50 m/50 g, 30 g Dunkelgrau (NFA12) und 75 g Honigmelone (CF123)

NADELN

- Tunesische Doppelnadel Nr. 9, beide Haken mit gleicher Größe
- Maschenmarkierer
- 1 Wollnadel zum Vernähen der Fäden

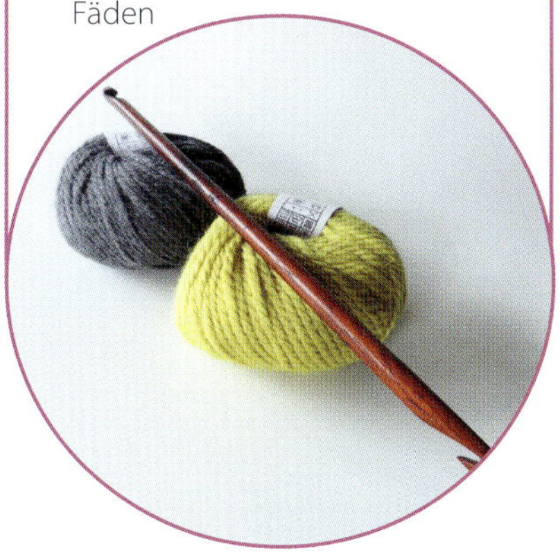

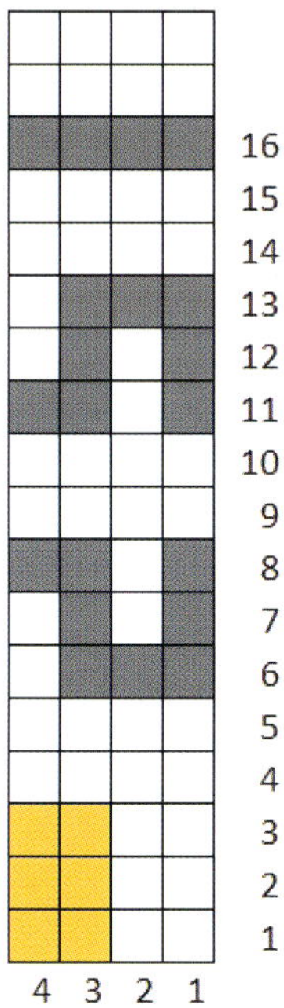

Anleitung

56 Luftmaschen mit Honigmelone anschlagen und zur Runde schließen, dabei darauf achten, die Luftmaschenkette nicht zu verdrehen. Den Rundenbeginn markieren und die Schlingen aufnehmen.
Es wird nach dem Zählmuster gearbeitet. Die Maschen 1–4 fortlaufend wiederholen, die Runden 1–16 einmal arbeiten. Runde 1–4 wird mit Honigmelone abgemascht, Runde 5–16 wird mit Dunkelgrau abgemascht, danach wird wieder mit Honigmelone abgemascht.
Nach Runde 16 (es ist eine Höhe von 15 cm erreicht) wird nur noch im Strickstich und mit der Farbe Honigmelone gearbeitet und es wird mit den Abnahmen begonnen.

Um das Zählen bei den Abnahmen einfacher zu machen, jede 7. Masche mit einem Maschenmarkierer markieren.

1. Runde: Abmaschfaden auf Farbe Honigmelone wechseln und jede 7. Masche markieren.
2. Runde: Die Masche vor der markierten Masche mit der markierten Masche zusammenarbeiten, insgesamt 8 Abnahmen = 48 Maschen.
3. Runde: Keine Abnahmen.

4. Runde: Die Masche vor der markierten Masche mit der markierten Masche zusammenarbeiten, insgesamt 8 Abnahmen = 40 Maschen.
5. Runde: Keine Abnahmen.
6. Runde: Die Masche vor der markierten Masche mit der markierten Masche zusammenarbeiten, insgesamt 8 Abnahmen = 32 Maschen.
7. Runde: Die Masche vor der markierten Masche mit der markierten Masche zusammenarbeiten, insgesamt 8 Abnahmen = 24 Maschen.
8. Runde: Die Masche vor der markierten Masche mit der markierten Masche zusammenarbeiten, insgesamt 8 Abnahmen = 16 Maschen.
9. Runde: Die Masche vor der markierten Masche mit der markierten Masche zusammenarbeiten, insgesamt 8 Abnahmen = 8 Maschen.
10. Runde: Jeweils 2 Maschen zusammenarbeiten = 4 Maschen. Falls das zu eng wird, einfach beide Fäden abschneiden und die Restlücke damit zusammenziehen, die Fäden nach innen ziehen und vernähen.

Die Mütze kann leicht in der Weite angepasst werden, die Maschenanzahl muss nur durch 4 teilbar sein. Die Abnahmen müssen dann angepasst werden. Ab Beginn der Abnahmerunden werden pro Runde 8 Maschen abgenommen.

Fertigstellung

Alle Fäden vernähen.

ABNAHMEN IM STRICKSTICH

Bei der Mütze finden die Abnahmen in der Hinrunde statt, also wenn die Schlingen aufgenommen werden. Die einfachste Möglichkeit ist, eine Masche zu überspringen. Wer das nicht möchte, arbeitet einfach 2 Maschen zusammen. Dazu wird folgendermaßen eingestochen:

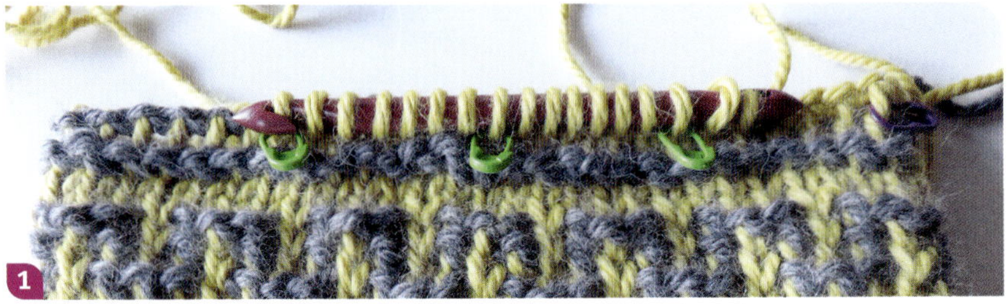

1 *Die Maschen markieren, bei denen die Abnahmen gemacht werden sollen.*

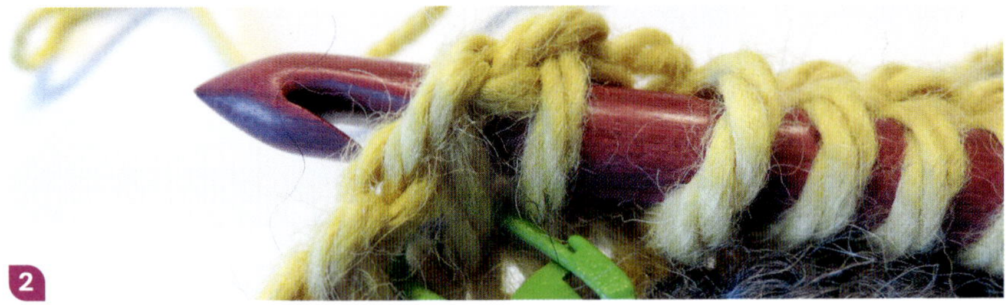

2 *Die Nadel wie für den Strickstich durch die Masche vor der markierten Masche und durch die markierte Masche stechen, Faden holen und Schlinge auf die Nadel holen.*

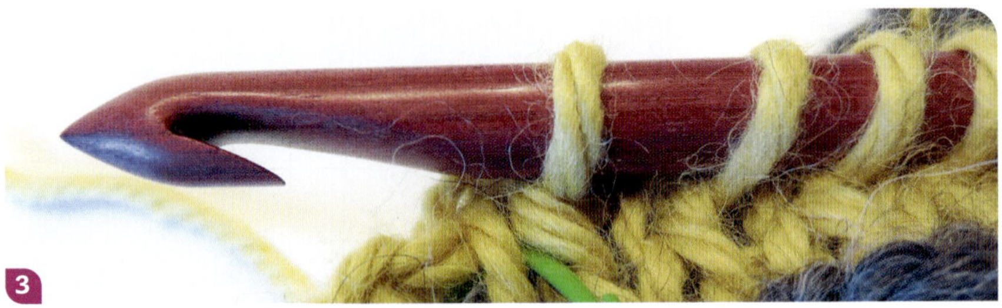

3 *So sieht die Abnahme dann aus, zwei Maschen im Strickstich zusammengearbeitet, also eine Masche abgenommen.*

Stirnband

für einen Kopfumfang von ca. 53–55 cm

Anforderungen: tunesisch in Runden arbeiten, Tunesischer Strickstich, Tunesischer Reversestich, Farbwechsel in Runden, Lesen von Zählmustern
Maße: Das Stirnband ist 13 cm hoch.

Das Stirnband passt ebenfalls zum Loop, ein Teil des Musters wiederholt sich in dem Stirnband.

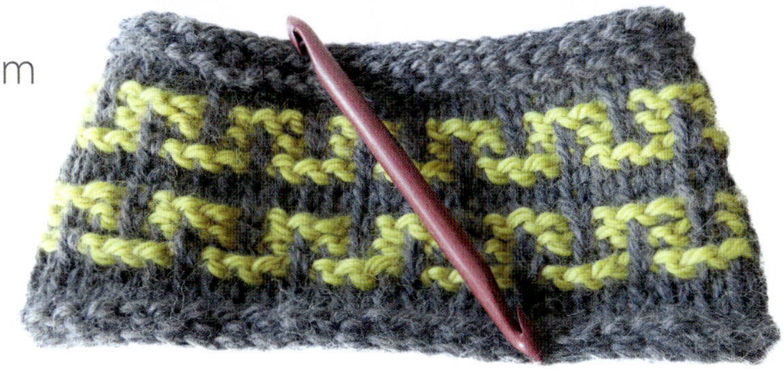

MATERIAL

WOLLE

- Fair Alpaka Bulky, 100 % Baby-Alpaka, Lauflänge 50 m/50 g, 40 g Dunkelgrau (NFA12) und 25 g Honigmelone (CF123)

NADELN

- tunesische Doppelnadel Nr. 9, beide Haken mit gleicher Größe
- Maschenmarkierer
- 1 Wollnadel zum Vernähen der Fäden

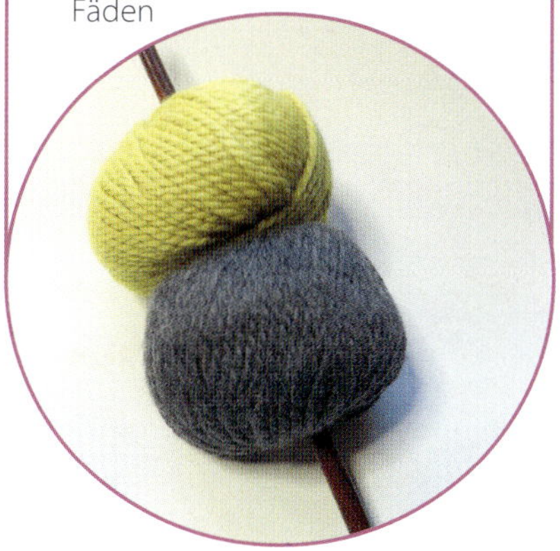

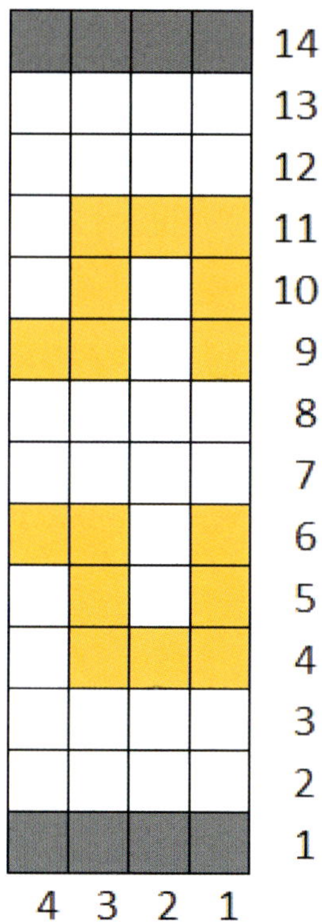

Anleitung

52 Luftmaschen mit Dunkelgrau anschlagen und zur Runde schließen.
Es wird nach dem Zählmuster gearbeitet. Die Maschen 1–4 fortlaufend wiederholen, die Runden 1–14 einmal arbeiten und dann die Maschen im Reversestich abketten.
Das Stirnband kann leicht in der Weite angepasst werden, die Maschenanzahl muss nur durch 4 teilbar sein.

Fertigstellung

Alle Fäden vernähen.

Kuschelig-warme Hauspuschen

gegen kalte Füße! (Größe 38/39)

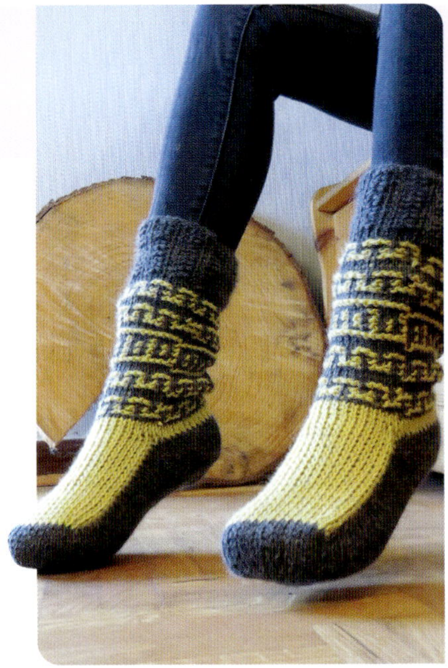

Anforderungen: tunesisch in Reihen arbeiten, tunesisch in Runden arbeiten, Tunesischer Strickstich, Tunesischer Reversestich, Farbwechsel in Runden, Zunahmen, Abnahmen, Maschen auffassen, Lesen von Zählmustern
Maschenprobe: 17 Maschen und 18 Reihen = 10 x 10 cm.
Die Maschenanzahl muss durch 4 teilbar sein, für andere Größen also +/– 4 Maschen und/oder eine größere/kleinere Nadel nehmen bzw. mit dünnerer Wolle arbeiten. Probieren Sie dies bitte selbst aus.

MATERIAL

WOLLE

- Fair Alpaka Socks, 100 % Baby-Alpaka, Lauflänge: 200 m/50g
- 150 g Dunkelgrau (NFA12) und 100 g Honigmelone (CF123)
- Die Wolle wird mit doppeltem Faden verarbeitet!

NADELN

- tunesische Doppelnadel Nr. 5 und 6, beide Haken mit gleicher Größe
- Maschenmarkierer in zwei verschiedenen Farben
- 1 Wollnadel zum Vernähen der Fäden

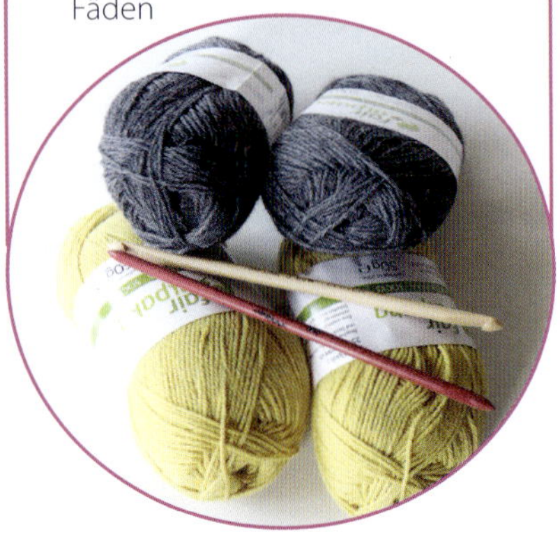

Anleitung

Bündchen

44 Luftmaschen mit Dunkelgrau und Nadel 6 anschlagen und zur Runde schließen. Den Rundenbeginn mit einem Maschenmarkierer kennzeichnen.

TIPP

Bitte schon beim Sträkeln ausprobieren, ob die Puschen über die Ferse passen!
Das Tunesische Häkeln ist nicht so dehnbar wie Gestricktes, deshalb ist das Anprobieren währen des Arbeitens wichtig.
Die Hauspuschen/Socken sehen fertig größer aus als gestrickte Socken! Das Zählmuster wird bei diesen Hauspuschen von oben nach unten gelesen! B1–B10 ist der Bund, die Runden 1–28 der Schaft.

Die Grundrunde arbeiten und über 10 Reihen 2 Maschen Strickstich, 2 Maschen Reversestich im Wechsel arbeiten. Mit Dunkelgrau die Schlingen aufnehmen und abmaschen. (Runden B1–B10)

Schaft

In Runde 1 vom Schaft zur Nadelstärke 5 wechseln. Mit Dunkelgrau die Schlingen aufnehmen und abmaschen. Alle Maschen werden im Strickstich gearbeitet.
In Runde 2 vom Schaft die Farbe des Abmaschfadens zur Farbe Honigmelone wechseln. Alle Maschen werden im Strickstich gearbeitet.
Weiter nach dem Zählmuster arbei-

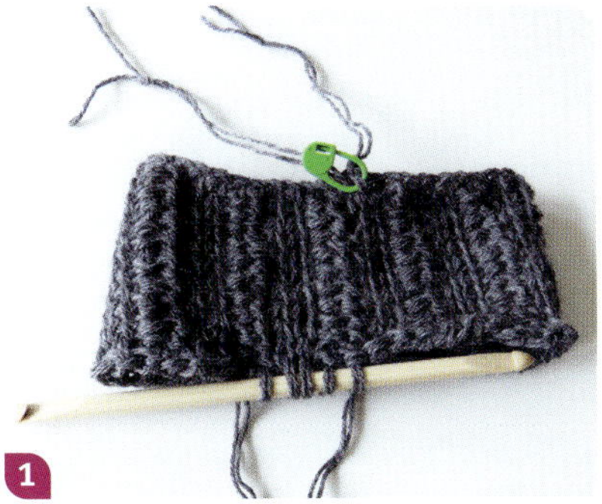

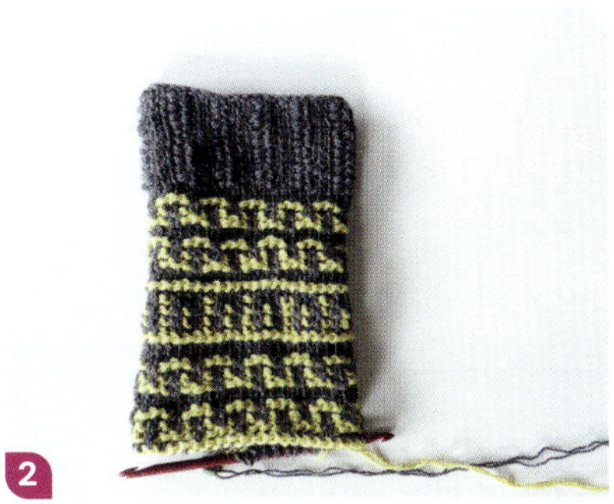

ten von Runde 3–28. Runde 29–31: Im Strickstich arbeiten, mit Honigmelone die Schlingen aufnehmen und abmaschen.

Fußteil

Es wird zuerst für den Fußrücken über 15 Maschen in Reihen gearbeitet. Die nächsten 15 Maschen in Farbe Honigmelone im Strickstich arbeiten, dazu die Schlinge des Rundenbeginns im Strickstich arbeiten und bis zu dieser Masche die noch auf der Nadel befindlichen Schlingen abmaschen. Es ist dann nur noch eine Schlinge auf der Nadel, die des Rundenbeginns.

Gleichzeitig innerhalb dieser 15 Maschen 2 Maschen zunehmen = 17 Schlingen auf der Nadel.
Für die Zunahmen zwischen 2 Maschen einstechen wie für den Füllstich.
Im Strickstich 10 cm (gesamt 19 Reihen) hocharbeiten, in der 20. Reihe aus den 17 Maschen wieder 15 Maschen machen – also 2 Maschen abnehmen.

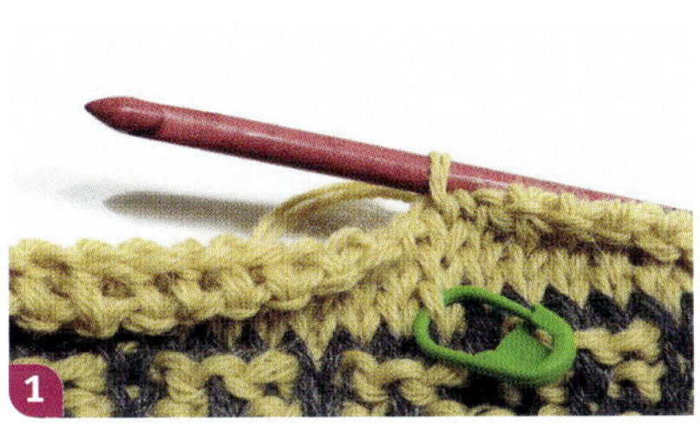

Erste Masche des Fußteils

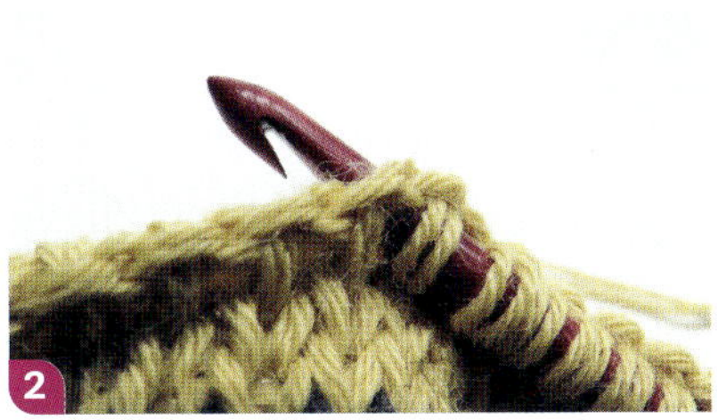

Für die Zunahme zwischen zwei Maschen einstechen …

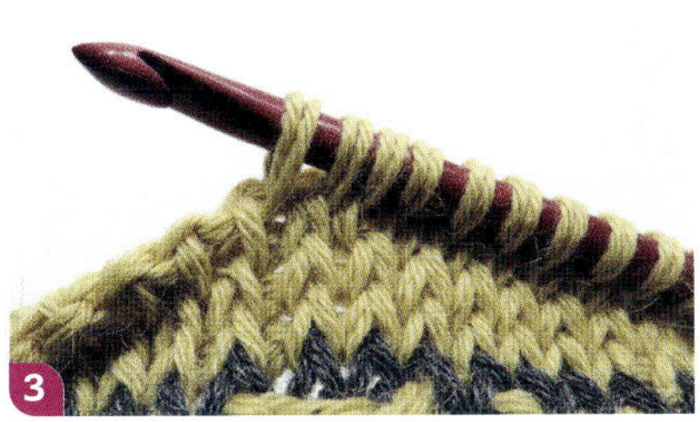

… und die Schlinge auf die Nadel holen.

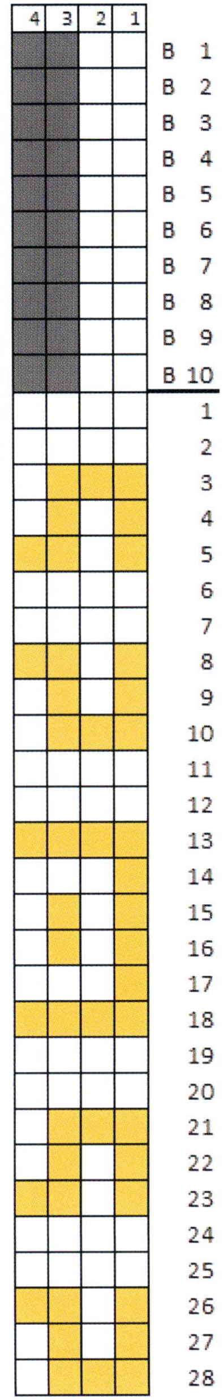

Dafür die 3. und 4. und die 12. und 13. Masche zusammensträkeln. Die mittlere Masche der 15 Schlingen markieren, das ist die Mitte des Fußrückens.

Nun zur Farbe Dunkelgrau wechseln. Dazu die letzten beiden Schlingen der Rückreihe schon mit Dunkelgrau abmaschen. Es wird **wieder in Runden gearbeitet**, also die Schlingen mit Dunkelgrau aufnehmen und im Strickstich abmaschen. Aus dem linken Seitenrand 20 Schlingen holen und dann die unbearbeiteten 29 Maschen im Strickstich arbeiten. Die mittlere dieser 29 Maschen markieren, das ist die Mitte der Ferse. Wieder 20 Schlingen aus dem rechten Rand vom Fußrückenteil holen. Nun ist die Runde vollständig.

In folgender Einteilung 2 cm in Runden (insgesamt 4 Runden) im Strickstich arbeiten: 15 Maschen, 20 Maschen aus der Fußrückenseite, 29 Maschen, 20 Maschen aus der anderen Fußrückenseite.

Nach den 2 cm in jeder 2. Runde beidseitig von jedem Markierer 1 Masche abnehmen, also immer die zwei Maschen vor und hinter dem Maschenmarkierer zusammenarbeiten (4 Maschen weniger pro Runde). Die je 20 Maschen aus der Fußrückenseite bleiben immer gleich. Die Abnahmen so lange arbeiten, bis ab der ersten Abnahme ca. 6 cm

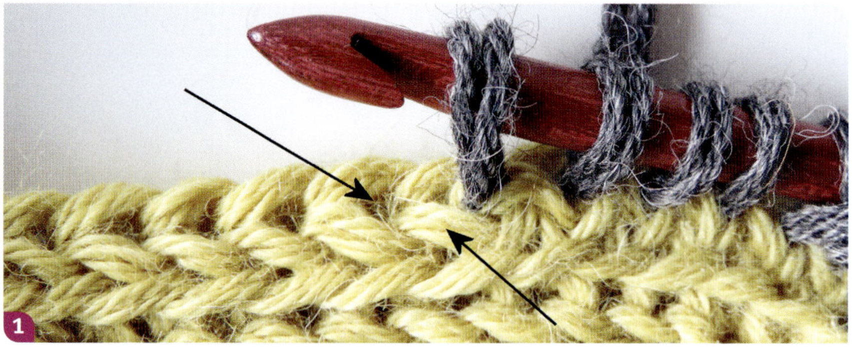

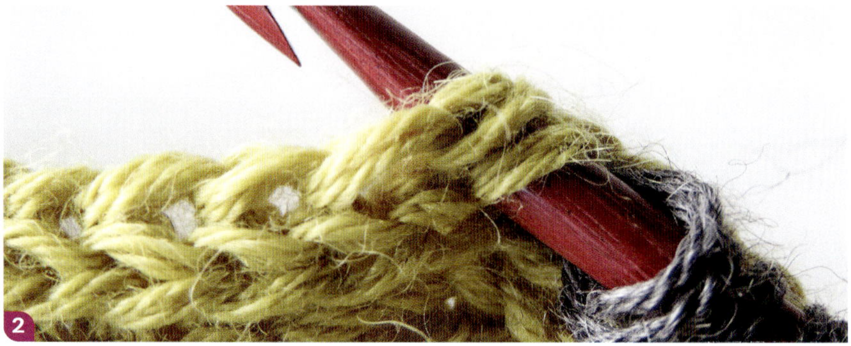

Am linken Rand mit der Nadel durch die gekennzeichneten Schlingen stechen, auf der rechten Seite durch die querliegende Masche.

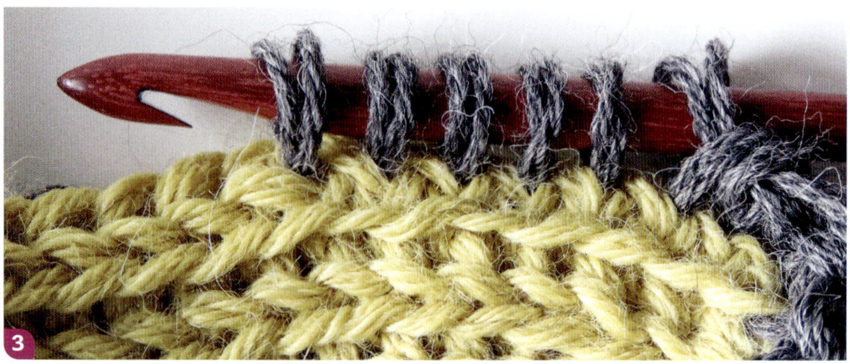

Durch dieses Einstechen werden Löcher verhindert.

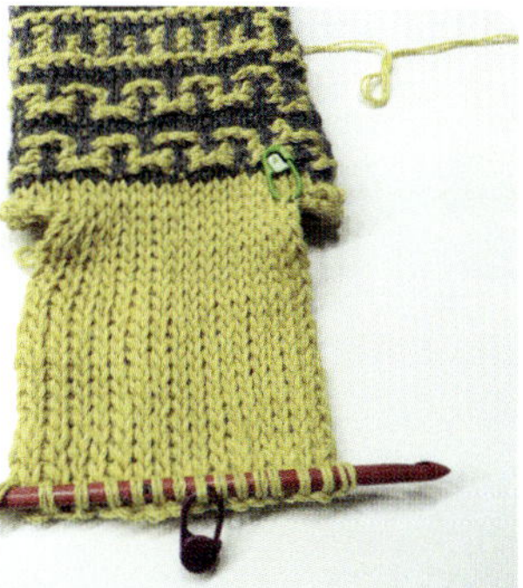

1

Fußrücken in Reihen, die mittlere der 15 Maschen markiert

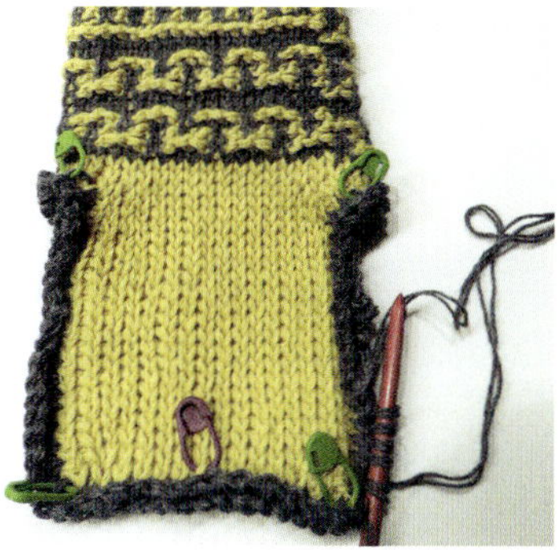

2

Weiter wieder in Runden

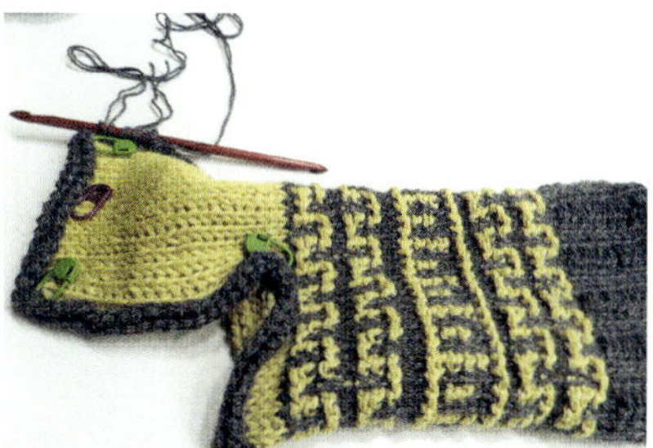

3

Zur Vereinfachung des Zählens die Einteilung markieren, die lila Maschenmarkierer kennzeichnen die vordere bzw. hintere Mitte.

erreicht sind (insgesamt 12 Runden), dann die Maschen mit Kettmaschen im Strickstich abmaschen.

Abnahme Runden – Maschenanzahl vor und hinter den markierten Maschen nach der Abnahme:

Runde 1: Keine Abnahme.
Runde 2: Spitze je 6 Maschen, Ferse je 13 Maschen vor und hinter der markierten Masche.
Runde 3: Keine Abnahme.
Runde 4: Spitze je 5 Maschen, Ferse je 12 Maschen vor und hinter der markierten Masche.
Runde 5: Keine Abnahme.
Runde 6: Spitze je 4 Maschen, Ferse je 11 Maschen vor und hinter der markierten Masche.
Runde 7: Keine Abnahme.
Runde 8: Spitze je 3 Maschen, Ferse je 10 Maschen vor und hinter der markierten Masche.
Runde 9: Keine Abnahme.
Runde 10: Spitze je 2 Maschen, Ferse je 9 Maschen vor und hinter der markierten Masche.
Runde 11: Keine Abnahme.
Runde 12: Spitze je 1 Masche, Ferse je 8 Maschen vor und hinter der markierten Masche.
Runde 13: Alle Maschen abketten.

Die Naht unter dem Fuß schließen.

Fertigstellung

Den zweiten Hauspuschen genauso arbeiten und alle Fäden vernähen.

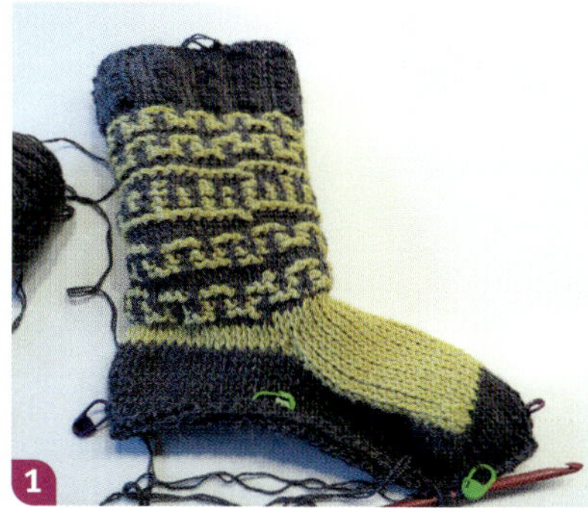

1

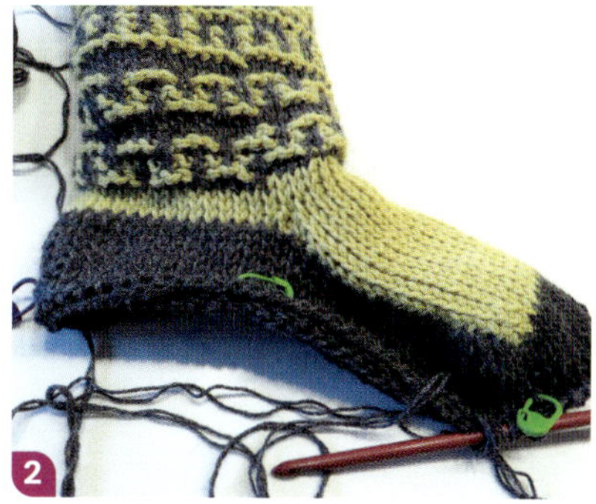

2

Vorne und hinten lila Maschenmarkierer, die grünen wurden zusätzlich gesetzt, um das Zählen zu erleichtern.

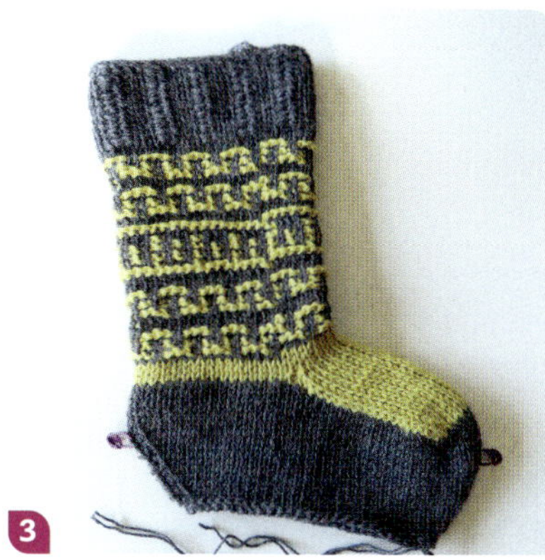

3

Alle Maschen abgekettet

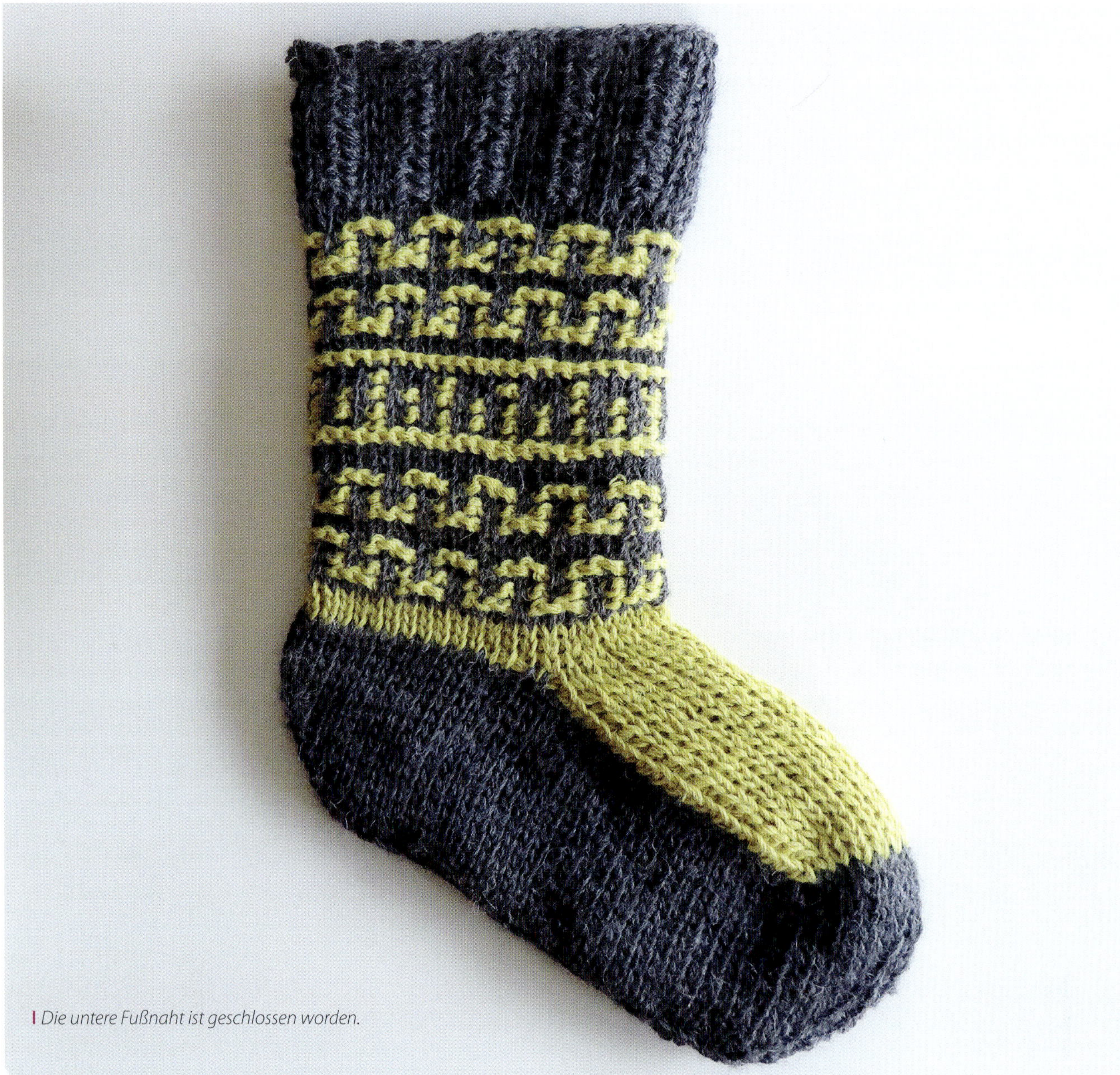

Die untere Fußnaht ist geschlossen worden.

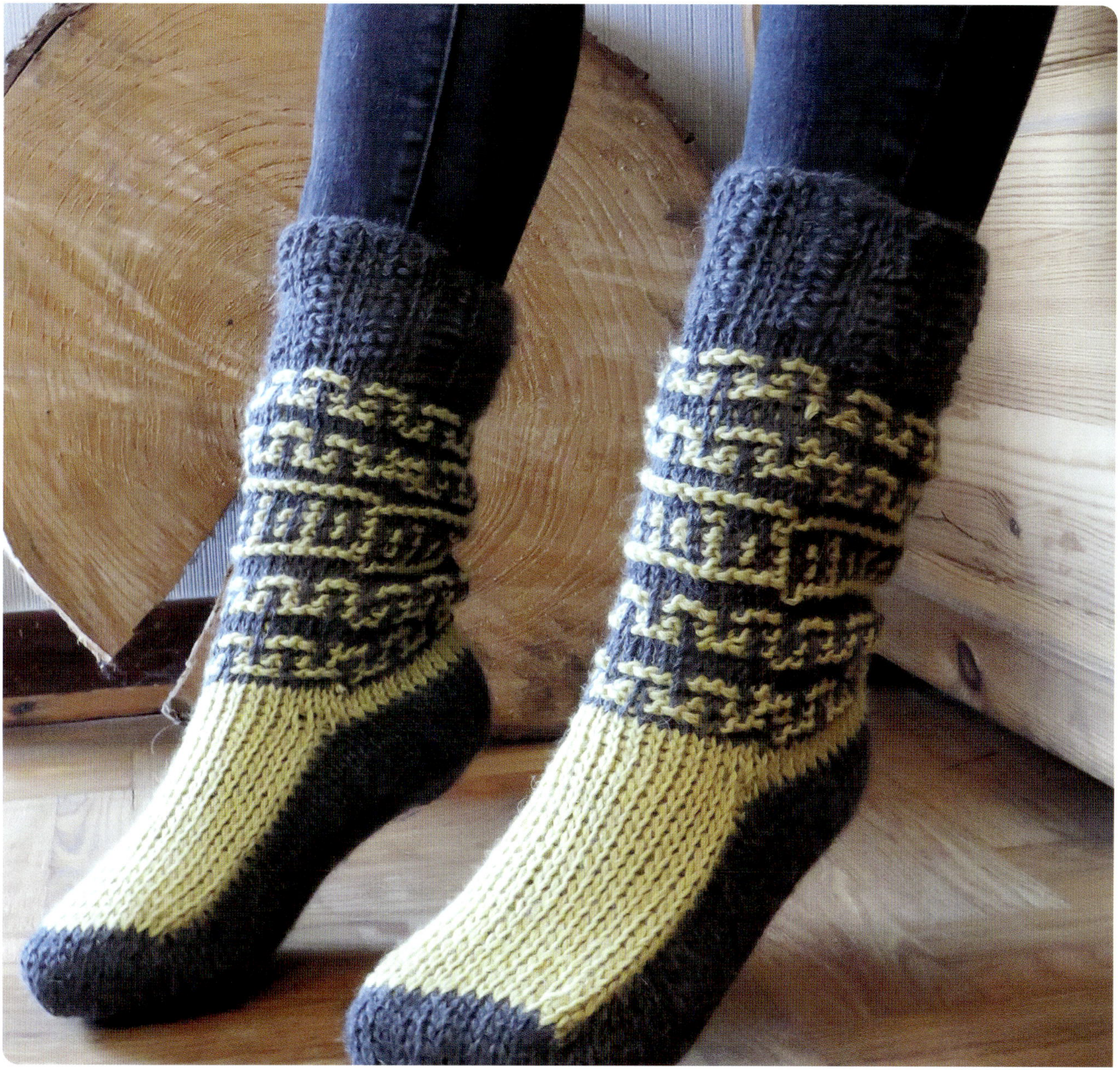

Kurzerklärungen der schon bekannten Techniken

DER TUNESISCHE GRUNDSTICH

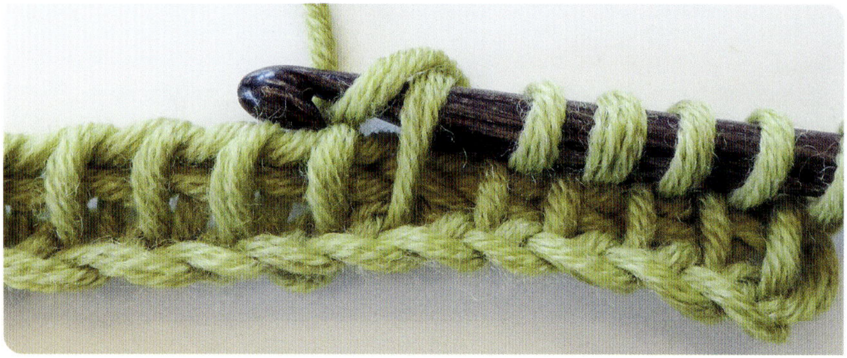

Die Nadel vorne, von rechts nach links, durch das vertikale Maschenglied führen, Faden um die Nadel legen und die Schlinge holen

DER TUNESISCHE STRICKSTICH

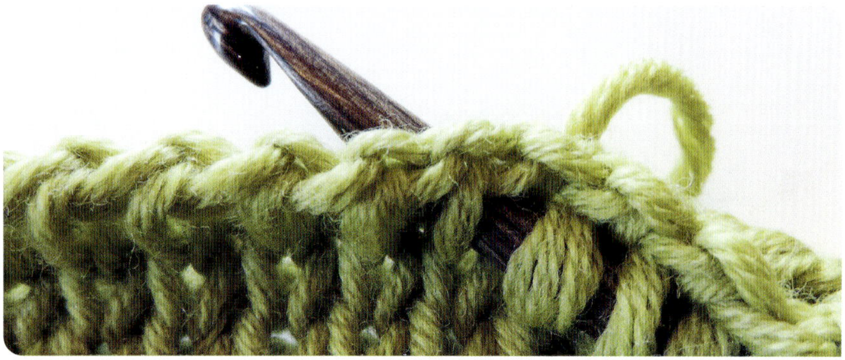

Die Nadel von vorne nach hinten durch die beiden vertikalen Maschenglieder führen, Faden um die Nadel legen und die Schlinge holen.

DER TUNESISCHE REVERSESTICH

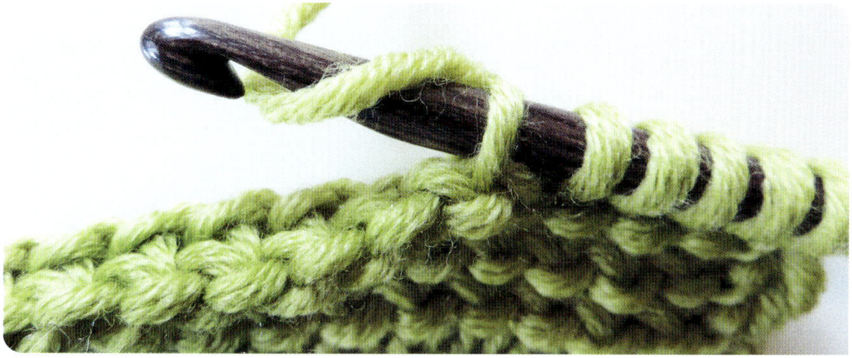

Die Nadel hinten, von rechts nach links, durch das hintere, vertikale Maschenglied führen, Faden um die Nadel legen und die Schlinge holen. Dieser Stich wird auf der Rückseite der Arbeit ausgeführt.

DIE LETZTE MASCHE

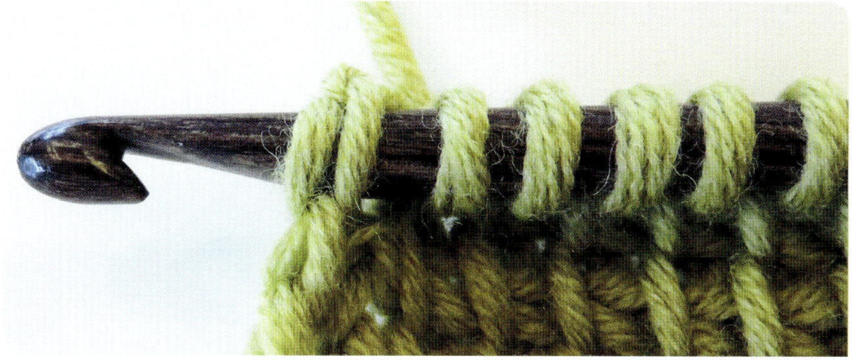

Für die letzte Masche durch beide senkrechte Maschenglieder stechen

TUNESISCHE VERKÜRZTE REIHEN

Bei den verkürzten Reihen werden die Reihen nicht vollständig gearbeitet, sondern es werden am Ende oder Anfang der Reihen Maschen unbearbeitet stehen gelassen, bis nur noch eine bestimmte Anzahl Maschen auf der Nadel sind. In der dann folgenden Reihe werden wieder alle Maschen auf die Nadel genommen, die Anzahl der verkürzten Reihen und Restmaschen sind in den jeweiligen Anleitungen beschrieben.

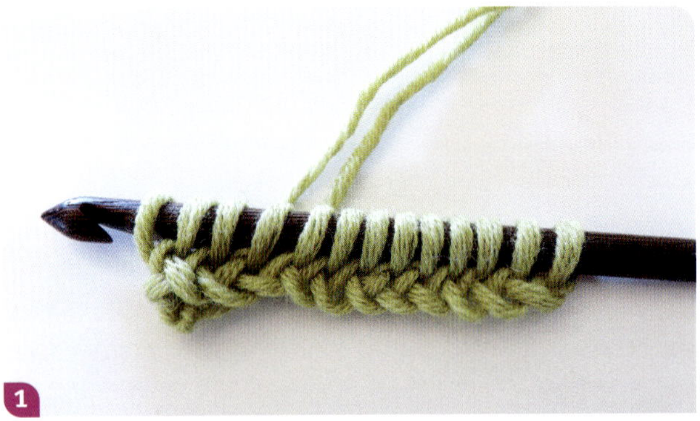

1

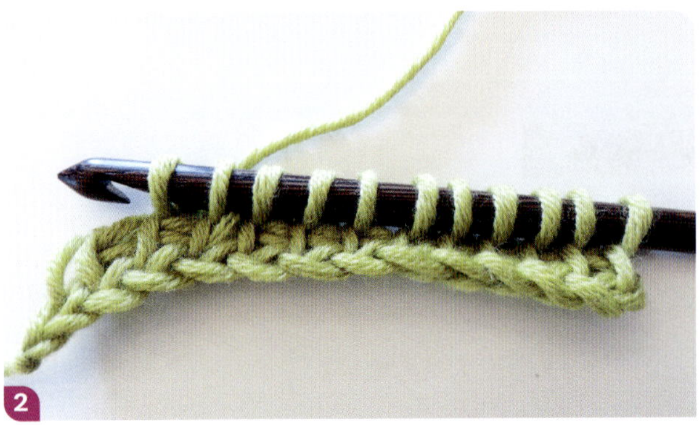

2

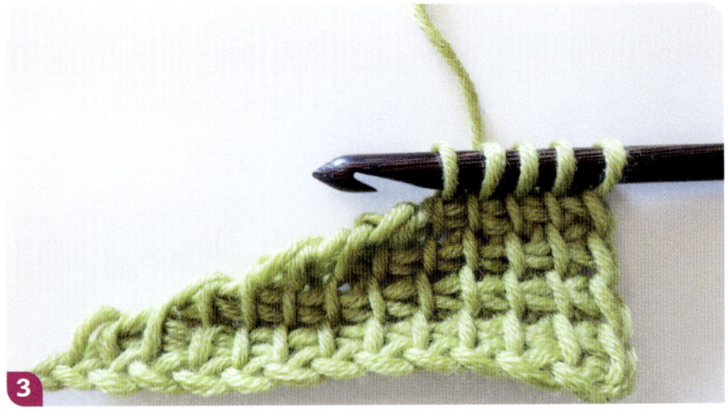

3

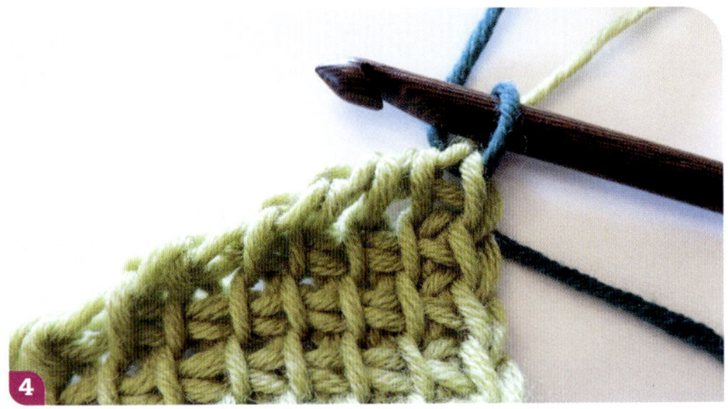

4

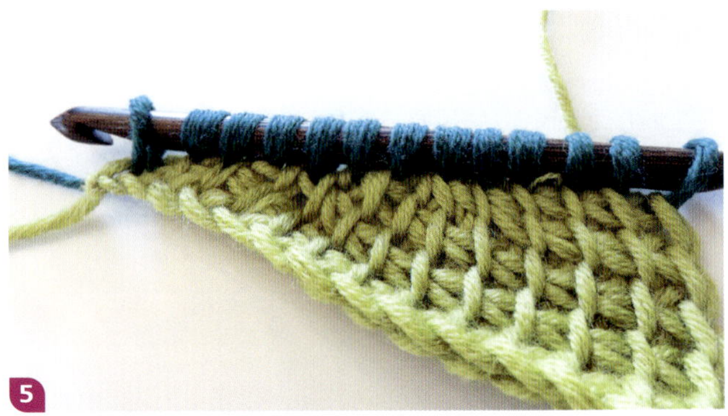

5

FARBWECHSEL IN DER HINREIHE

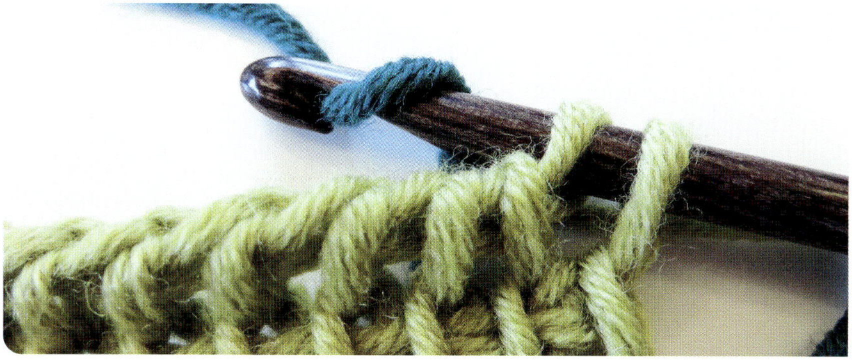

Beim Farbwechsel in der Hinreihe werden die letzten 2 Schlingen der Rückreihe mit der neuen Farbe abgemascht. Darauf achten, die Fäden auf der Rückseite zu verkreuzen.

MASCHEN ABKETTEN IM TUNESISCHEN GRUNDSTICH

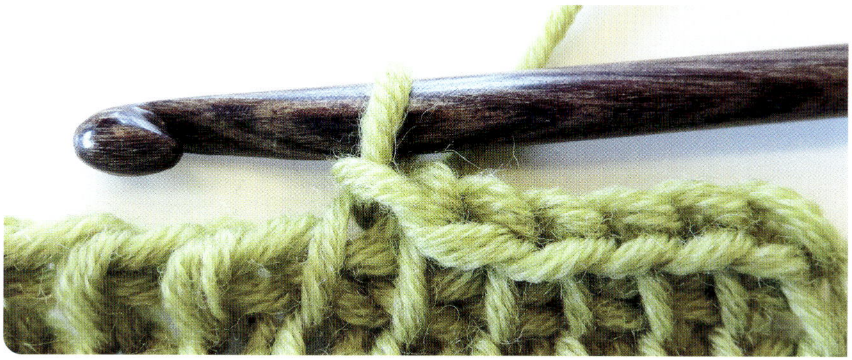

Die Nadel vorne, von rechts nach links, durch das vertikale Maschenglied führen, Faden um die Nadel legen und die Schlinge holen, diese dann durch die Schlinge auf der Nadel ziehen – eine Kettmasche wurde gearbeitet.
Es kann in jedem Muster abgekettet werden.

IN RUNDEN STRÄKELN

Mit einer Doppelnadel eine Luftmaschenkette anschlagen und zur Runde schließen. Mit der einen Seite der Nadel werden die Schlingen aufgenommen, mit der anderen Seite der Nadel werden die Schlingen abgemascht. Man benötigt zwei Knäuel Wolle, um in Runden zu arbeiten.

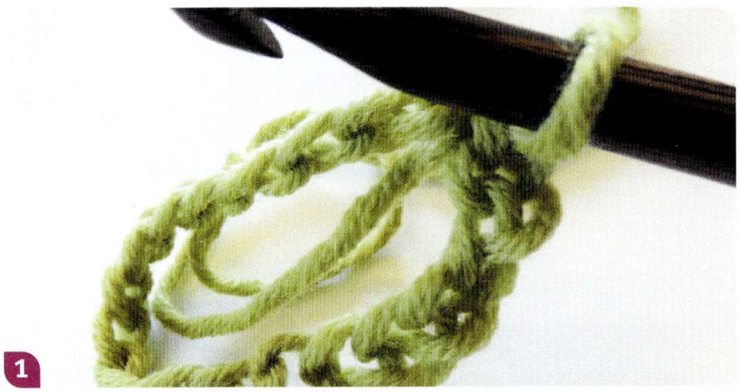

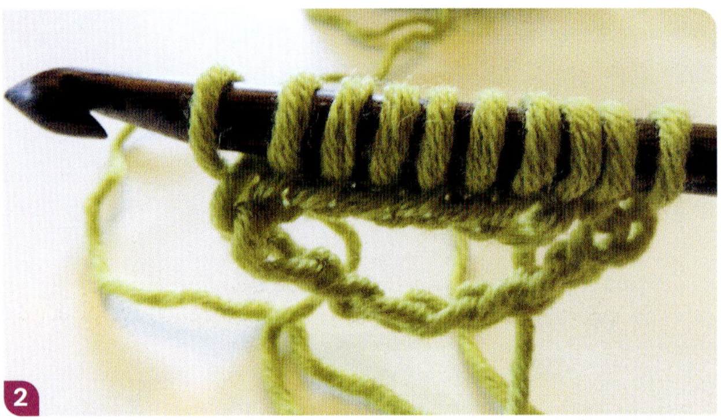

Luftmaschenkette zur Runde schließen und Schlingen aufnehmen.

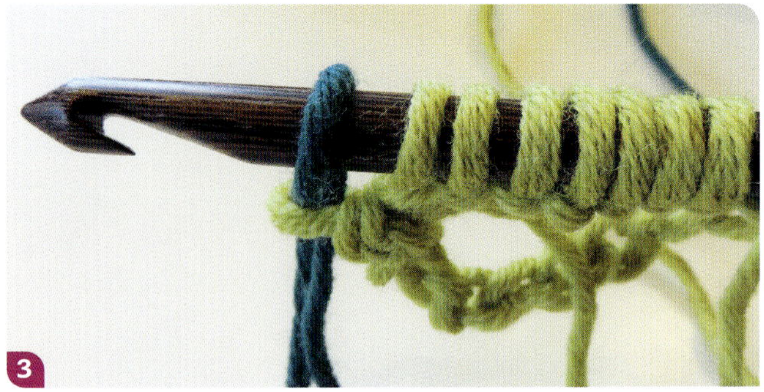

Zum Abmaschen Faden auf die Nadel holen.

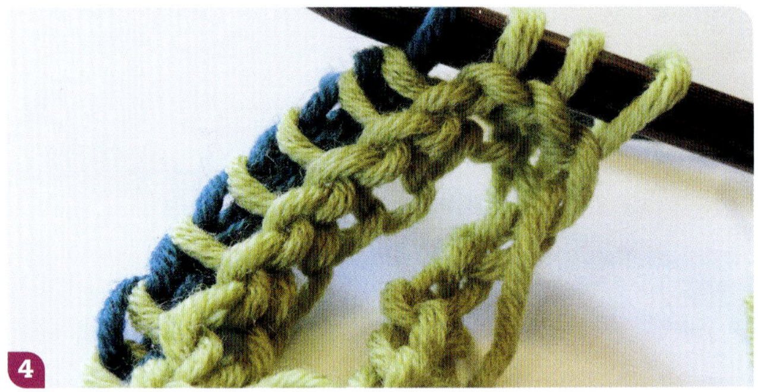

Schlingen abmaschen.

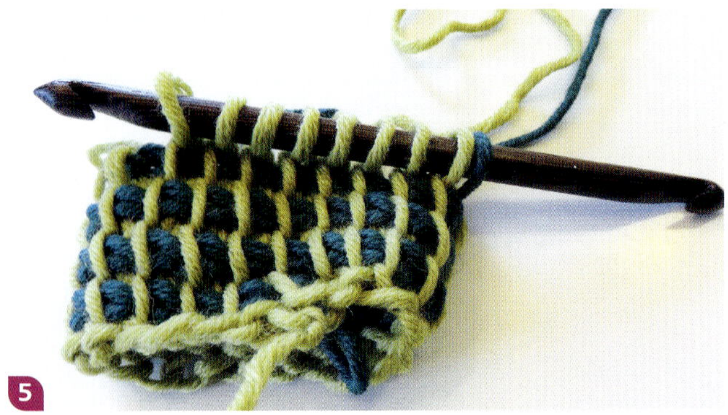

Schlingen aufnehmen.

WENDEMUSTER

Wendemuster werden mit einer Doppelnadel und zwei Knäueln Wolle gearbeitet, wobei die Muster am schönsten herauskommen, wenn es deutlich unterschiedliche Farben sind. Gewendet wird immer dann, wenn alle Schlingen auf der Nadel sind, diese werden dann auf die andere Seite der Nadel geschoben und mit der Kontrastfarbe abgemascht. Mit der gleichen Farbe werden dann wieder Maschen auf die Nadel geholt und wieder gewendet.

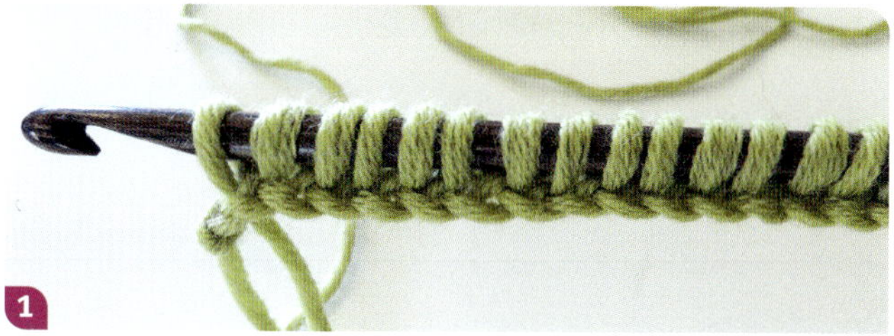

Schlingen sind mit Farbe A auf der Nadel.

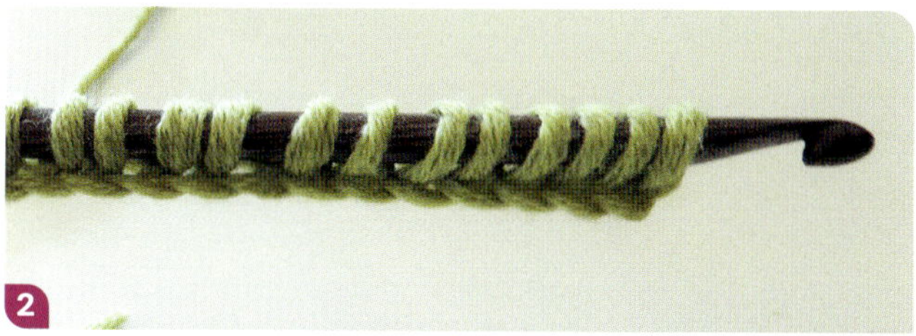

Wenden und die Maschen auf die andere Seite der Nadel schieben.

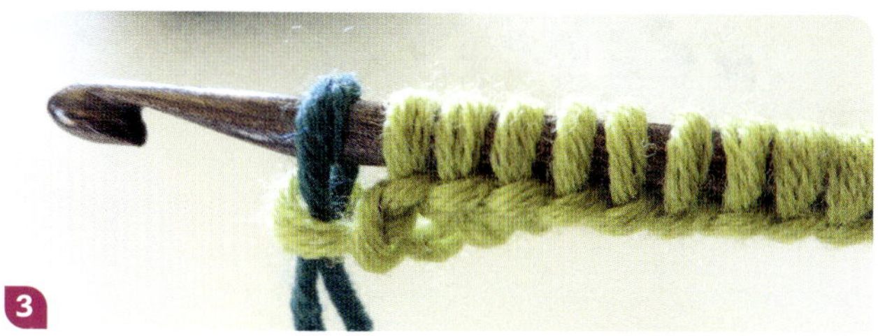

Farbe B auf die Nadel holen.

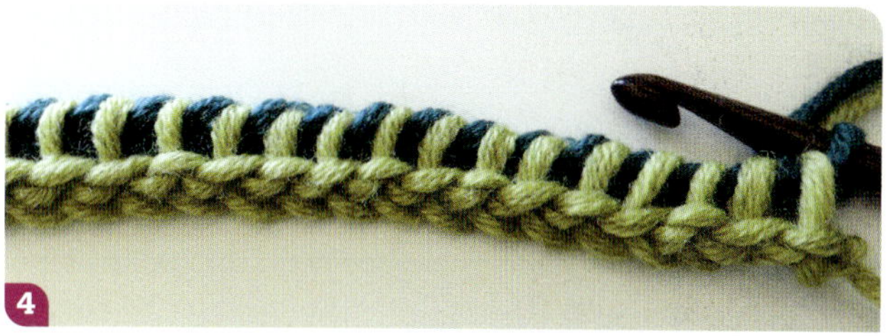

Schlingen abmaschen.

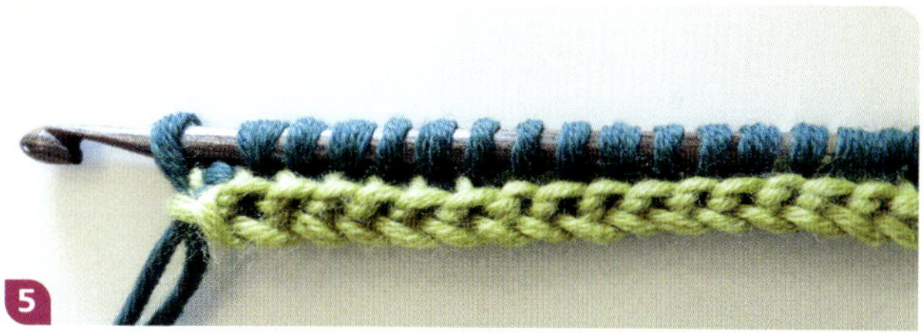

Schlingen mit Farbe B aufnehmen und wenden.

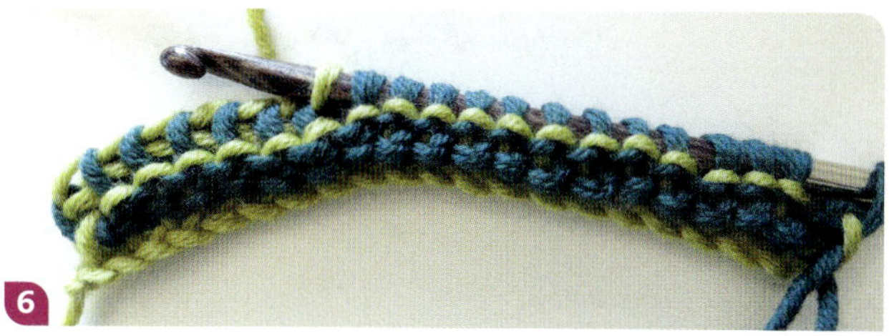

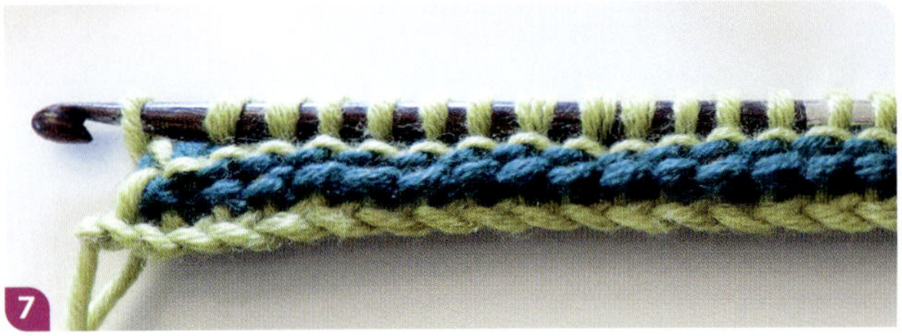

7

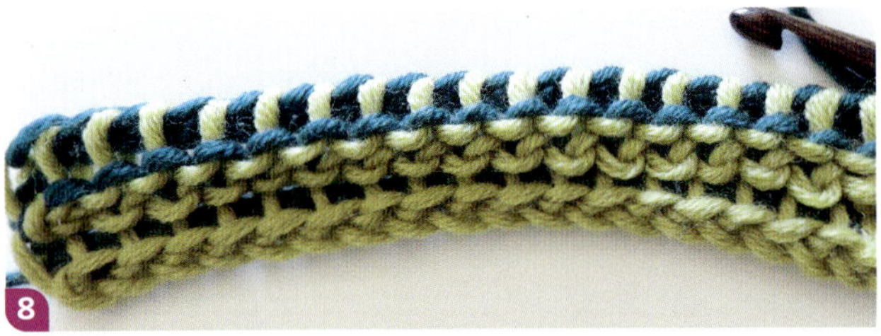

8

| Mit Farbe A die Schlingen abmaschen und wieder Schlingen aufnehmen und wenden.

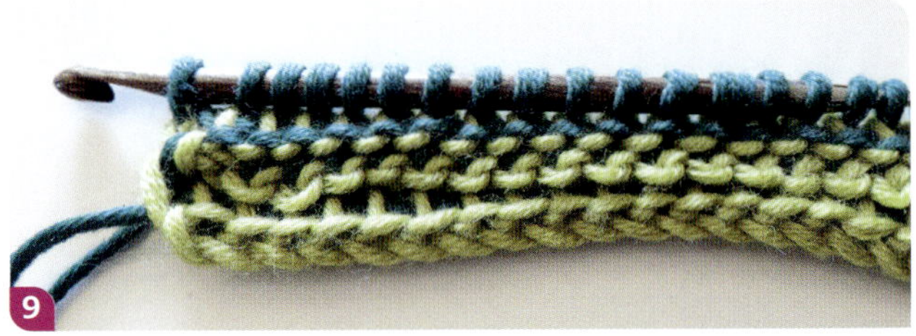

9

| Schlingen mit Farbe B aufnehmen und wenden.

Video zur Technik der Wendemuster
http://goo.gl/Dckizg

MASCHEN AUS EINEM SEITENRAND AUFNEHMEN

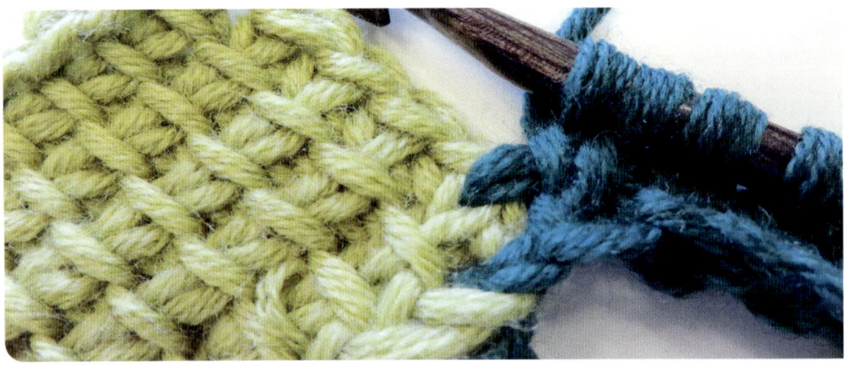

Um Löcher beim Aufnehmen der Maschen zu vermeiden, die Nadel durch die querliegende Masche stechen und die Schlinge auf die Nadel holen.